摩訶毗盧遮那佛

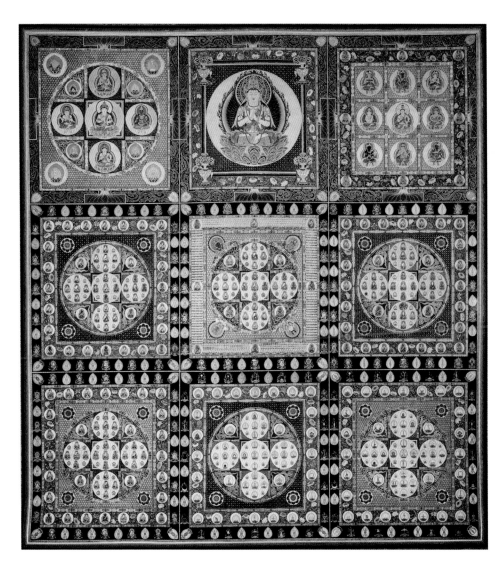

金剛界曼荼羅

胎藏界曼荼羅

日本佛教真言宗高野山派金剛峰寺中院流第五十四世傳法大阿闍梨
中國佛教真言宗五智山光明王寺光明流第一代傳燈大阿闍梨

悟光上師法相

《金剛經》密說

您對《金剛經》的認識有多少

玄覺

張惠能博士（覺慧、玄覺大阿闍梨）

香港中華密教學會會長
中華智慧管理學會會長

香港大學畢業和任教。修讀電腦科學，三十年來專門研究人工智能，在國際期刊及會議上發表了五十多篇論文，並於香港大學專業進修學院主管及教授電腦創新科技課程，當中包括：大數據分析、雲端運算、電腦鑑證、物聯網、人工智能革命、區塊鏈科技革命等，多年來培育創新科技人材眾多。

另一方面，會長自幼深入鑽研中西文化、佛法及易理。廿多年來潛心禪觀、念佛及修密，並自2007年春開始不間斷地在學會、學院、及各大學教授禪觀、念佛及止純密法。會長乃皈依「中國佛教真言宗光明流」徹鴻法師，體悟真言宗秘密印心之真髓，獲授「中國佛教真言宗光明流」大阿闍梨之秘密灌頂，傳承正純密教血脈，弘揚正純密教「即身成佛」之法，教人「神變加持」，同行佛行，齊見佛世。

張惠能博士佛經系列著作：
《壇經禪心》、《楞伽佛心》、《圓覺禪心》、《楞嚴禪心》、《楞嚴禪觀》、《金剛經禪心》、《維摩清淨心》、《藥師妙藥》、《彌陀極樂》、《大日經 住心品》、《地藏十輪經》、《真言宗三十日談》、《金剛經密說》。

張惠能博士「易經系列」著作：
《周易點睛》、《易經成功學》。

一事一法一經一尊

張惠能博士　專訪

撰自　《溫暖人間　第458期》

張惠能博士，香港大學畢業和任教，修讀電腦科學及專門研究人工智能。少年時熱愛鑽研中西文化、佛法及易理。廿多年來潛心禪觀、念佛及修密，並自2007年開始講經說法。宿緣所追，今復皈依「中國佛教真言宗光明流」徹鴻法師，體得了秘密印心之法，獲授密教大阿闍梨之秘密灌頂，感受到傳承血脈的加持，遂發心廣弘佛法，以救度眾生。

真言密教為唐代佛教主要宗派之一，是正純的密宗，非得文為貴，旨在以心傳心，故特別重視傳承。本自唐武宗之滅佛絕傳於中國，已流佈日本達千餘年，並由當代中國高僧悟光法師於一九七一年東渡日本求法，得授「傳法大阿闍黎灌頂」，得其傳承血脈，大法始而回歸中國。張惠能說，真正具備傳承大阿闍梨資格的，每個朝代應說不會多於十數人，所以每位傳法人都很重要，「因為一停下來，此久已垂絕之珍秘密法之傳承血脈就會斷，這樣令我有更大的弘法利生之使命感。」

多年前，《溫暖人間》的同事已有幸聽過張惠能博士講經，滔滔法語，辯才無礙，其後博士贈送了他當其時新著的《圓覺禪心》給我們，雜誌社從此又多了一套具份量的經書。今年，因緣成熟，《溫暖人間》終於邀請到張博士為我們主持講座，題目是「佛說成佛」：成佛？會不會太遙遠？

成佛觀：找到心中的寧靜

「這就是很多人的誤解，人人也覺得自己沒可能成佛，沒可能修學好一本佛經。其實每個人也能即身成佛，只要有方法、有工具、有目標。」畢竟佛陀未成佛之前也是普通人。「什麼是佛法？佛法讓人心裏平安，心無畏懼，不會生起妄想，恐懼未來。成佛觀念的力量是很不可思議的。當你不斷想着一件事，業力就會越來越強；所以加強成佛的念頭，想像自己就是佛菩薩的化身、是觀音的化身，想像大家一起做觀音、現前就是『普門諸身』，透過念念想像，人生從此截然不同。」這幾年香港社會人心動盪，情緒難以釋放，成佛觀其實就是根本的善念，如果大家把心安住在這根本善念上，就能找到永恆的寧靜安定。

張惠能博士說，他在講座裏會介紹禪、淨、密的成佛觀，「成佛觀可以修正我們的心，只要你進入這個思想模式，你就可以感受佛陀的慈悲力量，譬如能以阿彌陀佛的四十八大

願思維去經驗無量光、無量壽。因為當佛的思想有如阿彌陀佛，佛就進入極樂世界。我們稱之謂淨土宗的成佛觀，就是想你進入阿彌陀佛的無量光、無量壽世界，體驗這種不可說的力量。」

張博士講經已十年多，《六祖壇經》、《金剛經》、《楞伽經》、《阿彌陀經》、《妙法蓮花經》、《大日經》已說得透徹熟練，回想當初，他是怎樣開始弘法之路？

一事一法一經一尊

「我的人生分為四個階段，用八個字歸納：『一事、一法、一經、一尊』。佛法說生命是永遠無限生的，每個人一生都有必然要完成的目標，稱為『唯一大事』或簡稱『一事』。特別對尋道人來說，目標都很清晰，所以認識到『一事』是第一個階段。」張惠能說，童年時候他對真理已經十分嚮往，整天拿着聖經鑽研，常夢想做神父，其他小朋友打架，他會上前講道理勸和。中學特別熱愛Pure Maths和Physics，因為是當時所有學科中「真理性」最高最玄妙的，及後考上香港大學，畢業後博士研究的項目是「人工智能」，因為可以天天研究人類思考、智慧和心靈的問題，也涉獵很多中西方哲學，包括佛法。

「當時我取得了人工智能PhD，很輕易便開始在港大任教，但對於人生目標，亦即這『一事』的追尋，卻很迷茫。雖然我讀過了很多很多有關東西方哲學、存在主義、易經，甚至各種禪門公案的書，但心靈都是得不到平安。」**當張惠能對尋找人生真理充滿絕望，極度迷失的時候，另一扇門就開了。「有天逛書店，突然看見一本叫《歎異鈔》的書，副題是『絕望的呼喚』，這幾個字正中下懷，完全反映自己當時的心境，這本書是我人生轉捩點的契機，讓我進入了人生的第二個階段：真正修行『一法』。」《歎異鈔》為「淨土真宗」重要經典，是日僧唯圓撰錄了親鸞聖人關於「信心念佛」的語錄，張惠能視之為「念佛最高指南」。**

「這書開啟了我的信心念佛人生，一念就十多年，直至信心決定、平生業成。我因為信心念佛而得到絕對安心。所以如果沒有『一法』的真正體驗，你永遠不知其好處。其實佛法修行就好像我們去餐廳吃飯，餐廳有中西泰日韓等不同種類，也有不同級數，有快餐，也有五星級酒店中最高級的餐廳，不同人有不同喜好，這就像佛法中有八萬四千法門，不同宗派有不同的方法，好比不同的餐廳有不同的料理一樣，但大家都是同一目的：成佛。所以我們不論修任何法，都應該互相尊重，毋須比較，鹹魚青菜，各有所愛。同一道理，不論是什麼宗教流派，大家也都是在尋找真理道上的同路中人，要互相尊重而非批評比較，建立這正確態度是十分重要。」

單說不飽 實修證入

念佛法門是張惠能的「一法」。「修行是很簡單的事，好像心靈肚餓，修完之後就感到滿足舒服，輕安自在。**當你吃飽了，煩惱沒有了，你就感受到幸福，這信心念佛境界已經是往生淨土，一息一佛號已到達光明的極樂世界。對我來說，信心念佛會把悲傷和眼淚吸收，帶給我一份終極安心，煩惱都脫落。如果你念佛是越念越煩惱越恐懼未能往生淨土的話，就不是真正的信心念佛。禪宗叫修行為『大安心法門』，安心才可相應佛陀所說的。」**

為什麼「一法」那麼重要？張惠能坦言，所有佛經都說方法，「看破放下自在大家也會說，可是說易做難，不要說人生大事，就算平常如有人用行李輾過你的腳，你已經不能放下怒火；的士司機找少了十元給你，你可能半天心不爽快了；你最親密的人說你是垃圾，你立即崩潰。要看破、放下真是很難，所以『一法』好重要。」

「一法」之後，人生第三個階段就是「一經」，敦煌原本《六祖壇經》是張惠能讀通了的第一本經。張惠能說單是這部經，他就看了十年，「我不斷去讀，一百次、一千次、一萬次，讀至每個文字都充滿喜悅，讀得多了，經文慢慢開花變成你的心法，從《壇經》我認識到自性的道理，幸福安

心。很奇怪，之前我一直不大明白的《心經》，可是讀了《壇經》十年後，再拿《心經》來看，竟然通透領悟到什麼是『般若波羅密多』，那份喜悅不可思議。」

張惠能從「一法」中找到安心，從「一經」中認識到自性的道理，跟着有幸皈依了普陀山本德老和尚，有次他問師父：「念佛所為何事？」師父答他：「念佛無所求，念佛為眾生！」他叮一聲就印了心。「老和尚當時鼓勵我出來講經弘法，不久後我亦決定把自己的生命與弘法結合，於是2007新年後開始出道講經，第一本就是講《壇經》。」過了一年香港大學專業進修學院院長李焯芬教授邀請他在學院講經，自此，他編寫的「禪宗三經」、「『生死自在』淨土二經」、和「禪、淨、密三經」證書課程便出現在這座高等學府了。

張惠能的弟弟修真言宗十分精進。在宿緣所追下，張惠能復皈依了中國佛教真言宗光明流徹鴻法師，更通過考證，通教了「即身成佛」義，體得了正純密教秘密印心之法，獲授密教大阿闍梨之秘密灌頂，感受到傳承血脈的加持，遂發心廣弘佛法，以救度眾生，開始了人生第四個階段：「一尊」。「真言宗最重視傳承，當你被選為傳法者，你已不再代表個人，而是代表一個法脈的傳承，我的人生就到了『一尊』階段，『一尊』就是『傳承血脈的加持』，你傳承了一千三百

年三國傳燈歷代祖師的心願和力量，代表正純密教一千三百年傳承血脈的興衰，所以你的命已交給了『一尊』，會有很強使命感。」

對佛教初哥的建議

佛法是說當遇上苦與樂時，內心都同樣洋溢大安心、大無畏力量。

一開始找一個值得尊敬的老師，去學習真修實證一個具備法脈傳承的法、去好好從頭到尾讀通一部經，自己從中去體驗什麼是心靈上的飽足？如果只是不斷去跑不同的道場，聽這個又聽那個，老是shopping around不肯去定下來，最終根本不可能會有什麼得着的。所以，建議大家先修一經一法，有了堅定立場後，才好出去切磋參學。

您對《金剛經》的認識有多少？
禪宗為什麼用它作印證？

佛智甚深、真言至妙。般若無邊、金剛第一。
持四句偈、會之於心。緣生十喻、作如是觀。

導讀

佛智甚深、真言至妙

諸佛是覺悟的人，諸佛的智慧甚深無量，無法估計測量。這種甚深的道理不是用普通言語所能表達的，**要將甚深的道理把握得住，就得利用真理語言去看到實相、顯出本體宗旨，這就是文字般若。**

般若無邊

般若是智慧，是絕對的、絕對待的智慧。這般若智慧大家自己都有（自得法），本來是自身具足的（本住法），故又名根本智。 正如悟光上師在《肇論講記》所說：「那麼智慧是從哪裡來的呢？智慧是自己有的，不是別人給的，不是向師

父要的，也不是向佛祖拿的。智慧本來是自身具足的，故又名根本智，這個根本智是在哪裡？**以真言來說是六大中的識大。地水火風空是物質因，裡面有識，識大是精神因，精神因就是根本智。法界是因為地水火風空識遍滿，無量無際無邊故名法界。法界為什麼不叫空界？因為空中能生出萬法，萬法不會斷滅，是永遠繼續的，不論何時都在生出萬法，而佛性就是萬法本來的起因；因為佛性不論何時都在不斷的生出萬法，萬法消滅後又變成六大法界體性，法界體性能生出萬物的動力叫做理德，裡面發生精神功用的動力叫做智德，智德又名根本智。**還未生出大腦活動前的元素，那個德性就叫做根本智，所以法界是非常隨緣的，裡面的組織像彩布一樣，猶如五色線所交織的種種色彩，生出了花紋，花紋是吾人的頭腦去加以組織成的，我們用腦筋去織成的事物就是吾人創造的一種現象。所創造的現象即是利用這些元素來做交合的，此宇宙自然的交合，自然有個理智的德在交合，此理智的德交合的動力，就像我們製造事物的心，在不可說不可說的自來之處，名為創造，又叫業力。因為業力故，我們便來鋪路，路鋪成就是鋪路人的業力。業力若是反過來就是本來的佛力，佛力業力都是法界力，若無這個力量，若無智德，若無根本智，什麼事情就都不能鑑定，無法辦成。生命是永遠活著，根本智也就永遠活著，根本智與人的身體在一起，甚至植物、動物、礦物一切的眾生都有根本智。這根本智大家通通有，**但為什麼人以外的眾生不會成佛呢？是因為**

人的腦筋較好，可以思惟，可以用迴光反照的力量去洞察；而其他動物的腦部組織較差，無法迴光反照，他們依照他們所執的業力一直執下去，要成佛就為難了。**所以，人才有辦法成佛。**」

簡單來說，人會成佛是因為：第一、人可以思惟；第二、人可以用與自身體在一起的根本智（般若）的迴光反照力量去洞察，一切事情皆即事而真，當相即道。

金剛第一

此經名《金剛般若波羅蜜經》，簡稱《金剛經》。**金剛者，乃帝釋之寶杵，具極堅、極利二義。實相堅固，萬劫不壞，是名實相般若。功能就叫利，又叫權智，此智能頓見諸法的實相，是名觀照般若。所以，金剛之堅，比喻般若「體」；金剛之利，比喻般若「用」。**

何謂「實相堅固」？實相就是宇宙的原理。上師在《肇論講記》說：「**實相就是宇宙的原理，我們說為佛性、法性、真如。若以真言宗來說是法界性，法界裡面分成六大。法界的一，就是一真法界，一真法界就是真如本性，真如本性能隨緣生萬物，真如隨緣發生萬法，實相真如本來無相。**」

何謂「觀照般若」？依般若的空慧來看，你就會頓見諸法的實相。《肇論講記》說：「『觀自在菩薩，行深般若波羅蜜多時，照見五蘊皆空，度一切苦厄。』**我們觀行到甚深之時，透視假的去看那個真的**。所觀到的境、物，所觀到的萬法萬物，亦即是心所法。不遷（物不遷）是指諸法當體的實相。諸法是物質的，延續的，但那只是緣生法，緣生故無自性，所以那是性空。無生之時什麼也沒有，生出來以後，就有體積，有形體，但有一天仍會消溶。而諸法的當體、本體，是實相，亦即是性空，裡面的實相就是真如本性。此論與真言宗相同否？相同，**真言宗說得更清楚，並將真如的『一』剝開，看裡面還有什麼：這裡是將海中的水當作真如，起的泡當作諸法，去透視諸法的泡，泡破了仍是水；諸法又像波，波當體也是水，故諸法當體就是實相；以人之常情叫做妄見，也就是迷妄的看法，妄見諸法在遷流，在變動**。但若依般若的空慧來看 —— 行深般若波羅蜜多時，你就會頓見諸法的實相，你會感到諸法的實相本來是空性、性空，則當體寂滅，沒有什麼，沒有什麼卻又會生出萬有，故寂滅亦名真常 —— **真正常住的東西，真正有、不會壞掉的，故此空性最為堅固故名金剛，亦名真常。**」

實相、觀照二種般若，實具堅利之義。以金剛之堅比喻般若「體」，金剛之利比喻般若「用」，體用不二。法喻雙彰，故曰「金剛般若」。《肇論講記》說：「**因為真如本性無**

形無相能生萬法，故法法皆真，萬法皆真。然相是無、是假的，但真如本性發生的法是真的。我們要去透視體，不要去看相，相是假的。所以能從法透視到真如本性的無相處，是藉組織的，這樣就無有一法可當情了。所以要用法眼去透視，應如何來表示透視呢？就好像用Ｘ光照射人體是透明的，用微細的顯微鏡來看，我們的身體像什麼呢？就好像絲瓜布的纖維一樣，纖維也只是粒子的組成而已，並無本我的自性存在，那種形象無有自性，所以說諸法無自性，並不是真如本性無自性，這要清楚。看進去、透視進去諸法是空性的、性空的，不是用眼耳鼻舌身去控制的，或以人去推測到無的，故說：『非推之使無。』真正造成的法應這樣來看的。有人坐禪坐到用香火來燒看看痛不痛，這就是『推之使無』，或者是『非禮勿視』，或『非禮勿動』，甚至是神經麻痺，不是這樣。而是要去透視，看到它是無自性的，因為緣生法故無自性，是會壞的。若有自性的，本來有的，就不會壞掉了，就不能使其無了。若觀到程度夠了時，就進入了實際，煩惱沒有了就進入實際。真諦叫做如來，亦叫涅槃。煩惱結已盡，生死永滅，已沒什麼再可寂了，故叫寂。這意思就是說：涅槃本來無名，涅槃即是真諦，是指煩惱結（執著的煩惱）已沒有了，不會再起煩惱了。所執著的五蘊已經盡了，不會再執著了。」

《大般若經》亦說：「不動真際為諸法立處。」真際即是真如本性，亦是空性，空性真際立出諸法。諸法若無這個真，諸法就不能發生，所以諸法本來皆真。**一切諸法立處皆真，所以悟光上師說「有相無相皆是實相」。我們無論在什麼地方都不能脫離真如本性。這便是即事而真，當相即道。**《金剛經宗通》亦說：「真如性體，周遍法界，如如不動，即是諸經所言法法皆如之義。」**我們要發揮處處皆真、法法皆如，一切事物都是真如本性，皆是大日如來的變化，當體皆是大日如來的變化身，故說「金剛第一」。雖然事物是假立的，本性卻是真的，我們若能看到了這一點，並永遠的住在這一點，是非雙遣，能所雙亡，才能出去執行佛的工作，這樣才有入聖之處。**

持四句偈、會之於心

所謂四句偈，亦即真如理言、真理語言（真言）。「會之於心」者，因真言，起觀照，證實相也。《大日經疏》云：**「一切有情常有我相種種煩惱，才若念真言（真如理言，亦即四句偈），我相即除，此為希有，亦甚希奇也！」**那怕只是少有修行的人，遇有很多煩惱妄想時，就趕快持四句偈、念咒、念佛或觀想，這樣煩惱就能平息了。

《肇論講記》說：「我們的觀念認為有生、有死，有今天、有明天，這些種種的觀念都要沒入到一真。你若分別在此世間裡，就無法透視到真理，一切就被塵勞所累，這樣我們便成為凡夫。**我們若能進入真理（才若念真言，我相即除）看了不生不滅的現象，就沒什麼涅槃可證，這便是不二法門。**無涅槃可證，亦無佛可成。你成佛了，故無眾生可度，無一眾生可度而去度眾生。不度生而度生，度生而不度生；不執著有度沒度，有沒有度完全不執，那只是應該要做的。像吃飯一樣，應該吃就吃，不吃不行；吃了就沒事了，吃飽就好了。」

「持四句偈、會之於心」，就像吃飯一樣：「應該」吃就吃，不吃不行；吃了就沒事了，吃飽就是「相應」了。

緣生十喻、作如是觀

《金剛經》所說「一切有為法，如夢幻泡影，如露亦如電，應作如是觀」，確實已將金剛本旨，彈指道破了！

《金剛經宗通》說：「『一切有為法，如夢幻泡影；如露亦如電，應作如是觀』，唐（玄奘法師）譯云：『諸和合所為，如星翳燈幻，露泡夢電雲，應作如是觀。』」這是**以般若妙智，觀察十緣生法**。

《金剛經宗通》說：「**此經名金剛般若，甚深十喻，乃其本旨。**所謂觀一切業如幻，一切法如燄，一切性如水中月，妙色如空，妙音如響，諸佛國土如乾闥婆城，佛事如夢，佛身如影，報身如像，法身如化。唯除妙音如響，餘列為九喻。雖名相稍有不同，大都可以意會，此甚深般若觀智，雖佛事如夢，雖佛身如影，正達一切業如幻。自三十七助道品，乃至菩提涅槃，一切如幻，本大般若破相宗也。」又說：「持經說法者，深解義趣，能為人演說，不取於相，如如不動。」**要能善觀一切有為之法（是法），非有為法（非法），亦不離有為法（非非法）。佛特示現世間行，為利益眾生故（是法），所以不住於有為法者（非法），以金剛般若妙智觀察而不離十緣生法故（非非法）。**

行者因時時深修十緣生觀，故境界現前時，即知我心佛心，皆畢竟清淨。故《大日經疏》說：「言『深修』者，謂得淨心已去，從大悲生根，乃至方便究竟，其間一一緣起，皆當以十喻觀之，由所證轉深，故言深觀察也。」若能「作如是觀」者，既不住於有為而取於相，亦不住於無為而離於相；以此自度，即以此度人。

我們若能用「緣生十喻、作如是觀」，於「持四句偈、會之於心」一念堅持的狀態下，與貫天地之「金剛第一」大生命力相接觸，於其間感應道交，把握一大「般若無邊」神秘之力，即能發揚種種之靈驗的結果，普施眾生。「佛智甚深、真言至妙」，故《密教思想與生活》說：「**一個具有充實體證內容（佛智甚深），而燃燒密教精神（真言至妙）者，何時何處都盈溢着教化機會。其具現上，無處不是大光明遍照之地，無一非全一的大日如來法身，到處都是真佛君臨之所。**」

十二問：測試您對《金剛經》的認識有多少

一、何以說「一切諸佛，皆從此經出」？如何是此經？

《肇論講記》說：「般若是佛母。何以說般若是佛母？是因為眾生覺悟之後才能成佛，要覺悟就要有般若智慧。故《金剛經》云：『一切諸佛，皆從此經出。』有般若智慧才能見到真理，才會成佛，所以般若是佛母。佛從般若所生，那麼般若會生佛嗎？當然會。般若為母親，當然還要有個父親，母親照顧家裡，父親應付外面，又名『方便』。因為般若能生佛，須有方便才能生，所以方便為究竟。若無方便的老爸便無法救度眾生，所以他是應付外面的。般若是佛的內證，是成就佛法身的實智。諸佛是覺悟的人，諸佛的智慧甚深無量，無法估計測量。那麼智慧是從哪裡來的呢？智慧是自己有的，不是別人給的，不是向師父要的，也不是向佛祖拿的。一般人說的法或是比喻都是大而不當的，說法者的內容不夠，他們的智慧觸不到一點要領，只是說到一些影子而已。」般若是佛的內證，是成就佛法身的實智，又名「無為法」。無為法是一，是無參差的，不過以方便來說法的，因為各人有各人的角度，各人有各人

的説法和見解，是名「有為法」。因異端之論紛然，不知該執取哪一項，故《金剛經》云：「一切賢聖，皆以無為法，而有差別。」

二、從「應云何住」到「云何應住」，當中有何修行秘密在？

《大日經住心品》云：「從因至果，皆以無所住而住（生）其心。」故知從「應云何住」到「云何應住」，目光落處是「因地」至「果地」、是從「修」到「證」的問題。

菩薩修行乃由**「應云何住」**之「應該（信解）」，不斷以「無所住（無住法身、如來）」之一念，加持自身成佛，直到**「云何應住」所説**之瑜伽「相應」成佛。

「佛唯説一乘」，除了不斷以一念加持自身成佛，佛行實在是沒有其他的方法的。

三、既說「過去心不可得、未來心不可得、現在心不可得」,那什麼心可得呢?

永明延壽云:「信心,即功德道源,長養聖胎,出生妙法。大抵看經通義,問道窮源,啟淨信心。」

馬祖道一云:「汝等諸人各信自心是佛,此心即佛心。」

《大日經疏》云:「譬如有人聞善知識言:『汝今宅中自有無盡寶藏,應自勤修方便而開發之,可使周給一國常無匱乏。』彼人聞已即生諦信,如說而行,乃至施功不已漸見前相,爾時於寶藏功德,離疑惑心,堪能發起殊勝加行。故菩提心,即是白淨信心義也。」人人自有寶藏而不知,今有人指出其寶藏所在處,若能深信不疑,勤加方便鑿而得之。然此寶藏遺而復得,唯由信心之力。是故《大日經》說「菩提心為因」。菩提心者,即是白淨信心,即自信己心猶如虛空本來清淨,無諸「過去心、未來心、現在心」妄想分別。若此信心堅固不動,自然時時以此信心觀察「萬物之當相沒有流動相的,是前後際斷的,不是連續的,是全機現成的」,則能知自心當相即道,即事而真,即「過去心不可得、未來心不可得、現在心不可得」的佛心之印證。

四、為什麼經文多次強調「四句偈」？何謂「四句偈」？

所謂「四句偈」，亦即真如理言、真理語言（真言）。經文多次強調「四句偈」，是要讓人歡喜「受持讀誦，為他人說」四句偈。因受持誦說，能成佛也。《大日經疏》云：「一切有情常有我相種種煩惱，才若念真言（真如理言，亦即四句偈），我相即除，此為希有，亦甚希奇也！」住持四句偈（真理語言），可以被稱為第一希有之法。

如恒河中所有沙數，如是沙等恒河，以七寶滿爾所恒河沙數三千大千世界，以用布施，不如受持四句偈之比較。恒河沙等恒河，以七寶滿爾所恒河沙數三千大千世界布施，非「無為」不能，故得福甚多，然尚不如受持四句偈為他人說得福多者，因受持誦說，能成佛也。四句偈是文字般若（真如理言，亦即四句偈），因為有了這種文字般若，好比過去的佛在說法。我們現代人怎麼能聽到佛說呢？沒辦法，過去的聖人只好將以前佛所說的法組織起來，寫成文字，再用文字來布教給後人聽，經典變成為一種影子，讓人知道其意密，『以指見月』。但指不是月，指只是告訴月在那裡，月是這樣的，利用指去看到空中的月，若認為手指就是月就錯了。所以四句偈就是利用文字語言去看到實相。

五、何以說「若人言：如來有所說法，即為謗佛」？到底何謂「如來」？何謂「佛」？

一般人都說如來就是佛，但它們意義是不同的。「如來」就是說真如本性的意思（物理道理）；「佛」就是指智（精神）；「世尊」就是指釋迦佛。

悟光上師於《阿彌陀佛秘釋》有十分清楚的對於「佛說、如來說及世尊說」的分析。《阿彌陀佛秘釋》說：「譬如在《金剛經》內有『佛說』，這是指精神；有『如來說』，是指物理，經內如來說『非世界是名世界』，就是說物理；『世尊說』，世尊即釋迦牟尼佛，釋迦牟尼佛亦是大日如來變化出來的，我們亦是一樣由大日如來變化出來的。釋迦牟尼佛於開悟後教化眾生，經書上的『世尊』即是釋迦牟尼佛。世尊於講道理時會用『如來說』，講解有關精神方面便用『佛說』。大家若看《金剛經》便知道，若不跟大家說，你們便不清楚瞭解，在這簡單向大家說明。」

真如本性（物理道理）無形無相能生萬法，故法法皆真，萬法皆真；在「行深般若波羅蜜多時」，人人都能從法法去透視到真如本性的意思（物理道理）。

六、「一切有為法，如夢幻泡影；如露亦如電，應作如是觀」有何義？它跟《大日經住心品》所說的「十緣生句」有何異同？

《金剛經宗通》說：「『一切有為法，如夢幻泡影；如露亦如電，應作如是觀』，唐（玄奘法師）譯云：『諸和合所為，如星翳燈幻，露泡夢電雲，應作如是觀。』」

《金剛經宗通》說：「此經名金剛般若，甚深十喻，乃其本旨。所謂觀一切業如幻，一切法如焰，一切性如水中月，妙色如空，妙音如響，諸佛國土如乾闥婆城，佛事如夢，佛身如影，報身如像，法身如化。唯除妙音如響，餘列為九喻。雖名相稍有不同，大都可以意會，此甚深般若觀智，雖佛事如夢，雖佛身如影，正達一切業如幻。自三十七助道品，乃至菩提涅槃，一切如幻，本大般若破相宗也。」

《金剛經宗通》又說：「持經說法者，深解義趣，能為人演說，不取於相，如如不動。」云何「深解義趣，能為人演說」？持經說法者，若能既不住於有為而取於相（謂得淨心已，皆當以十喻觀之），亦不住於無為而離於相（從菩提心因，大悲生根，乃至方便究竟，其間

一一緣起，皆當以十喻觀之），以此自度，即以此度人，是名「如如不動」。

這金剛般若甚深十喻，跟《大日經住心品》所說的「十緣生句」是同？是異？

《大日經疏》說：「行者修見無量加持境界……但當以夢喻觀之，心不疑怪，亦不生起執著。」又說：「云何為幻？行者依三密修行，得成一切奇特不思議事；法爾如是，不異淨心，而自在神變，宛然不謬。」又說：「種種浮泡，形類各異，然水性一味，自為因緣，是名浮泡觀。」又說：「行者，以如來三密淨身為鏡，自身三密行為鏡中像因緣，有悉地生，猶如面像……如作如是觀故，行者心無所得，不生戲論。」又說：「行者，即是深修觀察者，於瑜伽中，以自心為感，佛心為應。以自心為感，即是現象；佛心為應，即是真實。」又說：「言『深修』者，謂得淨心已去，從大悲生根，乃至方便究竟，其間一一緣起，皆當以十喻觀之，由所證轉深，故言深觀察也。」能「以十喻觀之，由所證轉深」者，無非說行者因時時深修十緣生觀，故境界現前時，即知「我心佛心，皆畢竟清淨」，這跟《金剛經》「甚深十喻」觀所說的「既不住於有為（我心）而取於相，亦不住於無為（佛心）而離於相」，其實是異曲同工。

七、「是法、非法、非非法」在告訴我們什麼修證上的秘密呢？

《肇論講記》說：「現在加上我的一偈：**『是法非法無非法，有相無相皆實相；身心不二原性空，何有罪福生死法？』**共十個較好算。『是法非法無非法』，是法不是法，但也不能說樣樣都不是，而是樣樣都是法。『有相無相皆實相』，有相與無相都是實相，樣樣都是實相。『身心不二原性空，何有罪福生死法』，身和心原來不二，性本空，哪裡有罪與福，生與死呢？無法可說的。」

《肇論講記》又說：「『是法非法』，因為因緣法，故法是假法；無常住，故諸法無形，有形之相皆不能常住。」又說：「『今付無法時』，要傳此本來性空的真理性空故；『法法無非法』，而樣樣都是法的再肯定；釋迦佛已肯定有無是不二的了。」

總的來說，**「是法非法」，因為因緣法，故法是假法；無常住，有形之相皆不能常住。「非非法」，要傳此本來性空的真理性空故，不能說樣樣都不是，而是樣樣都是法；這就是肯定有無是不二的了。**

八、「無我相、無人相、無眾生相、無壽者相」、「無我見、無人見、無眾生見、無壽者見」在說明什麼？

《肇論講記》說：「妙悟的人從真如本性來看，他不會以凡夫俗子的常情去看諸法的假相而被迷去，他能永遠在動中看到靜的，從形形色色中看到真如本性，真如本性就是佛性。佛性無相，無形，無色，無聲，無息，他變化出的法即是所生出的物。」**佛性無相。佛性就是「無我相、無人相、無眾生相、無壽者相」；真如本性就是「無我相、無人相、無眾生相、無壽者相」。這是「佛知見」裡面的「佛知」部分。**

妙悟的人因為明瞭了「佛知」的道理，所以能永遠在動中看到靜的，從諸法形形色色的「我相、人相、眾生相、壽者相」中看到真如本性是「無我相、無人相、無眾生相、無壽者相」，是名「無我見、無人見、無眾生見、無壽者見」。唯此佛眼，才是圓滿的「佛知見」。

《金剛經》說如來有肉眼、天眼、慧眼、法眼、佛眼。所謂如來，即是一切眾生。所以一切眾生皆有佛眼。《肇論講記》說：「五眼者，肉眼、天眼、慧眼、法眼、佛眼也。但今之佛眼是通五眼。譬如閻浮提四大河

入大海同一味，今四眼亦入佛眼一種也。梵語『沒馱（佛）翠寫尼（眼）』，此為佛眼，或云金剛吉祥，或云虛空眼，或云一切佛母。」既說一切眾生皆有佛眼，又說四眼亦入佛眼一種，則一切眾生都可以與在諸法當中的「無我相、無人相、無眾生相、無壽者相」的真如本性相聯結。達到了這樣的聯結，也就進入了「無我見、無人見、無眾生見、無壽者見」的「佛知見」狀態。

九、何以說「滅度一切眾生已，而無有一眾生實滅度者」？

有人說某人涅槃了，涅槃成佛了；但是根本沒有佛可以成，也無有凡夫可度，只是平等一味，一切眾生就個個都是如來，也是諸佛。這就是「滅度一切眾生已，而無有一眾生實滅度者」的意思。故《肇論講記》說：「我們以佛悟到的眼光入到中心涅槃體再看出來，一切眾生就個個都是如來，也是諸佛。以涅槃體處看一切諸佛，全部都滅盡了，沒有一個不滅盡的。未滅盡是以現象去看的，是錯誤看法。你從滅盡的世界進入無滅盡的世界才能再回到滅盡的世界。本來你若無滅盡你要如何滅盡？因為本來是滅盡的，本來就是滅度的；本來我們就是住在這個家，離開了家才能再回家。我們本來若沒有

家怎麼回家？我們的本性也是這樣，因為現在是在變化出去之後又再回頭。花會開是本性，開了一段時間就要凋謝，那時本性又回到了種子裡，所以種子種下土裡才會再發芽開花。花要謝時，性又收回到種子；宇宙也是這樣，以整個理來看，菩薩入無盡三昧，盡見過去諸佛都已滅度，未來的眾生也都滅度。故當一個人成佛時，盡見宇宙的眾生都已成佛。滅度是指住在那靜靜的不動裡嗎？不是。因為滅度是指理，是以悟境來看的。涅槃是以悟境來看，所以不是要解冰成水冰才是水，冰當體就是水。故波即水，水即是波。然波一樣是波，不需改變波為水。所以涅槃而不涅槃，諸法炳然，森羅萬象皆存在，不用滅，當體就是涅槃體。**涅槃體發生諸法，故涅槃而不涅槃，一切法本來就是涅槃體**。因為我們的邪見造成的錯誤，所以我們用另外一個角度來估計。邪見即迷，迷生執著，執著生愛，愛取不到，故生煩惱。我們修行是在修什麼？是修滅除煩惱，二無我就能入涅槃，入涅槃則自在，無煩惱故自在。然而當體就是涅槃體了，故不用再加個涅槃。本來是佛，頭上不用再安一個佛，無佛可以再生，本來當體就是。像我是個戲班子，我裝作小丑，花旦，小生，老生，上台演戲；演完回到後台，把臉一洗，我仍舊是我，戲班子仍是戲班子。他裝作關公時不是戲班子，但他是戲班子時就不是關公。戲是假的，故名戲論。所以演戲的人和看戲的人

都要知道那角色只是戲班子，但要假戲真做，這樣才有人看，世間才有美麗的娛樂。諸法在世間嚴飾就是一種娛樂啊！如此人才有氣色，故諸法不可毀。當體的認定即是涅槃，是涅槃體而不涅槃。一樣有活動，所以涅槃而不涅槃。從這點來看，即知『亡不為無』，雖然已亡境但並不是無。只因為無執著、無住著而已。」

《肇論講記》又說：「凡夫的生活就像在夢中，全被現象迷去，被迷故有心機、有身見、法見、我見，有我的存在，有靈魂的存在，有物質的存在，因而怕死。但人就像水泡，本來無生，云何有死？無生無死就是涅槃，然涅槃也是假的，故涅槃無名，只是假名，並沒有真的涅槃。有人說某人涅槃了，涅槃成佛了。但是根本沒有佛可以成，也無有凡夫可度，只是平等一味。**以世間的話來說，你是凡夫，或你是聖人，但聖人多了些什麼？多一個覺，覺悟的覺不是牛角的角（註：覺與角台語音同），若是牛角的角就麻煩了。只是多個覺悟的覺，只是明瞭了某個道理而已，其餘和凡夫一樣，沒有差別。**」

十、若說「《楞嚴》因智者而興、《楞伽》因達摩而興」，則可說「《金剛》因慧能而興」了。慧能為何用《金剛經》印心？

《壇經》云：「若欲入甚深法界、入般若三昧者，直須修般若波羅蜜行，**但持《金剛般若波羅蜜經》一卷，即得見性，入般若三昧。**當知此人功德無量，經中分名讚嘆，不能具說。此是最上乘法，為大智上根人說；小根智人若聞法，心不生信。」又云：「我於忍和尚（弘忍）處一聞（聞四句偈），言下大悟，頓見真如本性。」又云：「若大乘者，聞說《金剛經》，心開悟解。」這是教人對《金剛經》懷著開放的心，並藉著受持四句偈，能信自心是佛，此心即是佛心。《壇經》云：「即佛行是佛。」能夠常常「受持讀誦，為他人說」四句偈，即是「一行（佛行）三昧、常行直心（佛心）」了。

《大日經疏》云：「一切有情常有我相種種煩惱，才若念真言（真如理言，亦即四句偈），我相即除，此為希有，亦甚希奇也！」所以一念「受持讀誦，為他人說」四句偈，我相即除，是名修般若波羅蜜行。

十一、 有人說佛陀在《金剛經》裡對須菩提說法，整部《金剛經》都在說「空」；也有人說《金剛經》說「有」不是說「空」。到底《金剛經》在說「有」，抑或在說「空」呢？

金剛之堅，比喻般若「體」；金剛之利，比喻般若「用」。僧肇在《金剛經注》說：「此經『本體、空慧』為主。」

《肇論講記》說：「諸法的實相本來是空性、性空，則當體寂滅，沒有什麼，沒有什麼卻又會生出萬有，故寂滅亦名真常－真正常住的東西，真正有、不會壞掉的，故此空性最為堅固故名『金剛』，亦名真常。」諸法的實相，就是「本體」。

《肇論講記》說：「我們用智慧去看實相，那種腦力叫空慧，名般若；般若是空慧，是看到實相的智慧，不是只看現象的，是透視真如本性、佛性活動的源頭，即能觀之智。」看到實相的智慧，即是般若，又名「空慧」。

《肇論講記》又說：「**用空慧去看實在的空，看到時就會感覺到空即不空，這裡有動力存在嗎？有動力存在**。開始看不到什麼，再看下去時：『嗯！好像有什麼了。』但未成形，只感覺有個動力或有個什麼的。譬如做麵包，做麵龜（祭拜用的食物），煎餅、饅頭……做饅頭有做饅頭的思想，煎餅有煎餅的思想，做麵龜有做麵龜的思想。麵龜與麵包都是麵粉做的，未形成以前的原料就是中道，原料就是中道是以般若之玄鑑去看的，若成了成品就不是中道了。成品如麵龜和饅頭，這時你只看到麵龜、只看到饅頭，就看不到麵粉了。偏到麵龜與饅頭就是偏到了『有』，若只看到『空』就是偏到空，偏有偏空都是偏頗，不是中道。看到麵龜是麵粉，饅頭也是麵粉，麵粉表示空，故有即是空。空又會變成有，麵粉會成麵龜或饅頭，故空即是有。變成麵龜或饅頭都是由人去因緣的，因緣故緣生法。若無因緣就不能形成任何的物了。所以**要去見到非空非有，妙有才能從中出現**。」

十二、《金剛經》有歷代其它數種漢譯本，而為什麼世間流行多為鳩摩羅什所翻譯的呢？

《金剛經》現今還有梵文原典留下來，也有歷代其它數種漢譯本：最早的是姚秦鳩摩羅什翻譯的，後來北魏菩提流支、南朝真諦、隋朝達摩笈多、唐朝玄奘和義淨也譯過此經。而世間流行多為鳩摩羅什所翻譯的《金剛般若波羅蜜經》，為什麼呢？究其原因，有兩個因素：一是鳩摩羅什重意譯，依漢語文法，言簡意賅，疏朗流暢；另一個是因為鳩摩羅什本身是一位大證悟者，自然其《金剛經》的譯本，就是大成就者以諦實語加持過的，能突顯經中原本是不明顯的意思，這對我們瞭解般若有極大的幫助。僧肇云：「言由理生，理經言顯，學者神悟，從理教而通矣。」古往今來，確有過無數人依此譯本開悟，就足以證明這一點。

順帶一提，今天流行的鳩摩羅什所翻譯的《金剛經》，大都編成三十二分，這是梁昭明太子劃龍點睛地給經文分的。大家在聞思《金剛經》的時候，若按這種劃分方式、及以各分的標題去意會，則《金剛經》雖有很多重複的內容，也將變得一層一層非常易懂。那是因為梁昭明太子為各分所給的標題，實在是含藏了佛菩薩不可思議的慈悲願力，以及不可思議的威德加持。

《金剛經》密說
目錄

無 上 甚 深 微 妙 法

百 千 萬 劫 難 遭 遇

我 今 見 聞 得 受 持

願 解 如 來 真 實 義

金剛般若波羅蜜經

姚秦　三藏法師　鳩摩羅什　　譯

法會因由分第一

如是我聞。一時，佛在舍衛國祇樹給孤獨園，與大比丘眾千二百五十人俱。爾時，世尊食時，著衣持鉢，入舍衛大城乞食。於其城中，次第乞已，還至本處。飯食訖，收衣鉢，洗足已，敷座而坐。

此是佛住世的家常過活，實在與眾人一般，更無任何奇特處啊！只是就裏一點，與人不同，知之者希：**佛如此日用，日常生活與佛法自然無實質的分別。**若能悟此，則化魚為龍不易其鱗，轉凡成聖不改其面，當體即佛，即事而真。此「著衣持鉢、入城乞食、食飯、收衣鉢、洗足已，敷座而坐」，坐法王座，唯是「法會因由（轉法輪）」而已。故悟光上師在《新編正法眼藏》說：**「我人可以將這小身留住而精神融入大身去活動，所謂佛不離世間覺。」**又說：**「普通說轉法輪乃是轉佛法，這亦都是佛道之現成。」**能夠這樣，日常生活與佛法自然無實質的分別了。

既然「佛不離世間覺」，凡夫在世間生活就是妄，聖人又怎麼生活呢？聖人在真中有妄，於妄中站在真；他的真妄合成一朵，不分真妄，是真亦是妄。悟光上師於《肇論講記》說：「人若離妄是不行的，離妄就不能生活了，因為凡夫就是妄，離妄故不能活。那麼聖人怎麼能活？聖人在真中有妄，於妄中站在真；他的真妄合成一朵，不分真妄，是真亦是妄。他也有身體，一樣會吃飯，會大小便，會穿衣，這就是妄，可是他知，他已經明瞭了。譬如有一個內行的化學工程師，藥經過化學作用後有幾種成分，他一見就很清楚，不用再分析，他是行家，他知道。藥是化學品，他當體能拿來使用。他不會吃化學品，但他卻會吃藥，他對藥有取捨心，這取捨的心是知嗎？是知。是妄知嗎？不是。他知道，他瞭解，但凡夫不瞭解，故是妄知。他已經知道，就是真知，故在妄知裡有個真知。所以聖人沒有真知和妄知的分別，他已透視通達故。而凡夫用的只是妄知，所以有了分別。這裡是在論真諦已經無相了怎麼仍能生知呢？是因為精神寄在透視的境界裡面。」

聖人不用杜絕耳目，不用隔絕聲色生活，聲色都不會妨礙到自己的生活和修行。又說：「菩薩走入地的，所以菩薩落荒草，他與雜草一起生活，可以說是鶴立雞群，一支獨秀，雜草中獨有一支花故顯得特別的美，一支獨秀就是指菩薩；他在人群中能脫離其處，但一樣能在人群中。**他的精神感覺特別與人不同，他與凡夫的生活雖然相同，可是他的精神已脫俗；他不會看到有而執著，不會看到有就貪，不會看到有就瞋，不會看到有就妒忌，不會看到有便起癡……**。看到任何貪瞋癡慢疑妒忌的境都不會染著，又不會執在全無動作的虛玄之中。他不用杜絕耳目，不用隔絕聲色，聲色都不會妨礙到他的生活和修行。」

總的來說，我人可以將這小身留住，故經云「著衣持鉢、入城乞食、食飯、收衣鉢、洗足已」；而精神融入大身去活動，故又云「敷座而坐」，即是坐法王座，大轉法輪。這就是佛道之現成，佛不離世間覺；當體即佛，即事而真，此「日常生活與佛法自然無實質的分別」即為《金剛經》之指歸。

善現啟請分第二

時，長老須菩提在大眾中即從座起，偏袒右肩，右膝著地，合掌恭敬而白佛言：「希有！世尊！如來善護念諸菩薩，善付囑諸菩薩。世尊！善男子、善女人，發阿耨多羅三藐三菩提心，應云何住？云何降伏其心？」

佛言：「善哉、善哉。須菩提！如汝所說：如來善護念諸菩薩，善付囑諸菩薩。汝今諦聽，當為汝說。善男子、善女人，發阿耨多羅三藐三菩提心，應如是住，如是降伏其心。」

「唯然，世尊！願樂欲聞。」

《金剛經》這裡一開始即用了「世尊」、「佛」、「如來」等不同的稱謂，依世間一般人之概念上來說它們都有同一意義，但事實上它們的意義是不同的。要讀通《金剛經》，對這些稱謂的內涵之正確掌握是最為重要了。《肇論講記》說：「**真如又名如來，經中言說如來就是在說真如本性的意思。佛就是指智。世尊就是指釋迦佛。**在《金剛經》裡面有這些稱呼。薄伽梵、世尊，是指尊勝的尊者、聖智，經文開始時都是這樣稱呼。佛有十號，有理，有智，有理智聯合

的，所以佛的稱謂不同。一般人都說如來就是佛，但意義是不同的。」

對於「佛說、如來說及世尊說」，悟光上師於《阿彌陀佛秘釋》亦有十分清楚的分析。《阿彌陀佛秘釋》說：「**譬如在《金剛經》內有『佛說』，這是指精神；有『如來說』，是指物理，經內如來說『非世界是名世界』，就是說物理；『世尊說』，世尊即釋迦牟尼佛，釋迦牟尼佛亦是大日如來變化出來的，我們亦是一樣由大日如來變化出來的。釋迦牟尼佛於開悟後教化眾生，經書上的『世尊』即是釋迦牟尼佛。世尊於講道理時會用『如來說』，講解有關精神方面便用『佛說』。大家若看《金剛經》便知道，若不跟大家說，你們便不清楚瞭解，在這簡單向大家說明。」**悟光上師這樣便能簡單向大家說明了「佛說、如來說及世尊說」之一切，這確是明師一指！

長老須菩提（須菩提名解空，又名空生。空性隨緣應現，利人利物，故亦名善現）看到世尊釋迦牟尼佛「著衣持鉢，入城乞食」以及「次第乞已，還至本處，飯食訖，收衣鉢，洗足已」這些平常活動，竟如此安閒，便當下有所領悟了！故讚嘆不已，口稱「希有」！須菩提到底悟到了什麼呢？就是**「如來善護念諸菩薩，善付囑諸菩薩」**。

何謂「如來善護念諸菩薩，善付囑諸菩薩」呢？這是讚美佛的語言（智讚），展現我們生命裡所本有的秘密莊嚴之物。以進入智讚的佛智境界去看，我們唯是都是「常為攝化眾生，而示現種種不同之佛菩薩」，無有凡夫。悟光上師於《佛教真言宗之即身成佛觀》說：「凡夫之理體是佛，既然是佛，要行佛之威儀，才是即身成佛。」《密教思想與生活》又說：「《大日經》別序等說：『「生」其物之大日如來常為攝化眾生，而示現種種不同之佛菩薩，應化於各種世界，以不同的「言語」，說種種「法」，開展種種佛意。』善無畏三藏說：『依三業無盡故，若以身度人，即普現種種色身；若以語度人，即由普門（全一）示現種種語言，隨宜示導入佛知見；若以意度人，亦復如是，種種感通無窮無盡。』」

	《金剛經》	《大日經》別序	善無畏三藏
身密	如來（是一大法身之異名）	「生」其物	依三業無盡故，**若以身度人**，即普現種種色身
意密	善**護念**諸菩薩（十方三世諸佛菩薩，皆大日如來差別智印）	**常為攝化眾生**，而示現種種不同之佛菩薩，應化於各種世界	若以意度人，亦復如是，種種感通無窮無盡
口密	善付囑諸菩薩	**以不同的「言語」，説種種「法」**，開展種種佛意	若以語度人，即由普門（全一）示現種種語言，隨宜示導入佛知見

所謂「如來」者，《密教思想與生活》説：「並非一般所言之『佛』，而是超越一切對立，以所有一切為自己之內容活現於無限之『大日如來』。」

所謂「如來善護念諸菩薩，善付囑諸菩薩」，《密教思想與生活》説：「**故為應其自己（如來）內容的一類人們之啟示（善護念），非其當物就是説法不可（善付囑）。從此觀點來看，所説生天教者，即是應某時代某人之要求（善護念），無限之大日如來應某人之口所示現啟示的了（善付**

囑）。」而此啟示的當時，皆具有「如來善護念諸菩薩，善付囑諸菩薩」精神的活現，每一方法、每一方便，無不活潑應機；是故這些活動，竟如此安閒。

何以須菩提啟請問道：「善男子、善女人，發阿耨多羅三藐三菩提心，應云何住？云何降伏其心？」

何謂「**善男子、善女人**」？《密教思想與生活》說：「把身體視為大日如來之內容或其化身，非**善加保重**不可。身體雖無自性，不是真我，卻是真我的活動機關，為內外界的媒介之物。」又說：「離開身體是什麼都做不到，任何靜慮或觀想都不能成立。」所以，若要在世界中開展，把「如來善護念諸菩薩，善付囑諸菩薩」的精神具體化地表現出來，除通過此「善男子、善女人」身體而活現外，沒有其他方法。

「**阿耨多羅三藐三菩提**」，為「無上正遍知」義。此無上正遍知之法，離開「宇宙一切之心為一體」的真我之心外，更無其他少分之法。何謂「發阿耨多羅三藐三菩提心」？《肇論講記》說：「**菩提是指宇宙的本性**，又號之道，道與菩提是相同的意思。」又說：「**要做佛的工作，叫做發菩提心，亦名發道心。**」

一般所說的發菩提心是發起意欲修行之心，但這不能說是真正發菩提心。《新編正法眼藏》說：「所謂發菩提心就是發修證之心，一般所說的發菩提心是發起意欲修行之心，有人看到人命無常死亡的時候發菩提心，有人事業失敗看破世情而發菩提心的，有人戀愛失敗而毅然發菩提心，有人聽了法師大德講經而發菩提心，人厭惡生老病死而嚮往涅槃發菩提心的，但這只是初發修道心而已，這種發心不能說是完全發道心。雖然在命相中可窺見人出家成分，然不一定就會出家，有人出家是一種逃避性質不能說是真正發道心，往往一段時間就還俗了，這種人還俗後對於道心是渺無蹤跡的。有人身為家庭環境所迫無法出家，但其人早已發道心，日日生活宛如高僧般地辦道。」

那麼什麼是發真正菩提心？《新編正法眼藏》說：「**這裏所說的發菩提心是指證道當時的心，這才是道心。這道心並非限於某些場合才會發的，人之心中本然就有這種心，在修證的過程中忽然會發此菩提心，這道心未發之前是思慮心不名菩提心，菩提心還是假名，**只是證道之境界而已，故不屬有不屬無，不屬善不屬惡，亦不是無記，不是報地，不是緣起，只是時機的問題。若沒有初發心去修行亦無法體認這菩提心，但亦不是得天獨厚天資高的人才能發菩提心。只有發非證不可的心，不斷地向大德們請求開示，時機一到必定會發此真正菩提心。」又說：「上述一般所說的發菩提心（所

謂發起意欲修行之心）是淺義的發道心，真正的發菩提心是體驗的心，萬物與我自他一如體驗之心，古人所謂初發心即到是指此。這心是見性之心，宇宙一人之心，乾坤獨步之心，人境合一之心，是小我融入大我之心。這心不論在何處都可以發的，在地獄的境界可以發，在餓鬼境界亦可以發，在畜生境界亦可以發，在修羅境界亦可以發。這心發時是赤心片片的，見到萬物之當相沒有流動相的，是前後際斷的，不是連續的，是全機現成的。古人云：荷葉團團團似鏡，菱角尖尖尖似錐，不加思索之當體現成。又云：風吹柳絮毛毬走，雨打梨花蛺蝶飛。當下之境現成，是直覺的境界。這心就是前述的古佛心，昔時有僧問大燈：『什麼是古佛心？』師云：『牆壁瓦礫。』但要注意，不是牆壁瓦礫其物是古佛心，是我心一見牆壁瓦礫時之心，這心是體驗之心，不是概念或思慮心，是自己沒入於其中自他不二之心，這才是古佛心。這古佛心之端的就是平常心，不是凡夫日常的思慮心之平常心。不是此岸彼岸之對立心，不是眾生諸佛之對待心，不是過去心，不是未來心，不是現在心，過去已去，未來未至，現在剎那遷移，古佛心是無住著去應對現成之心，亦即直覺之心。」

善現啟請問道，既發菩提心，應心不住六塵境，故有「應云何住」此問；既發菩提心，應心起不逐妄，故有「云何降伏其心」此問。《金剛經宗通》說：「『應云何住』者，未

發心時，住六塵境，既發心已，誠宜改轍，則當住何境界？『云何降伏其心』者，未發心時，妄心起即逐妄，既發心已不可隨之，則當何以降伏？」**這正好說明我們從「未發心時」到「發菩提心」之轉變，唯在於「應云何住」和「云何降伏其心」二句。佛言「善哉、善哉」，是讚也。**

佛言：「須菩提！如汝所說：如來善護念諸菩薩，善付囑諸菩薩。汝今諦聽，當為汝說。」**「汝今諦聽」者，是「我的脫落」**，悟光上師稱之為「是法『正傳』到我之時」。了知自己本來就是本分人（佛），就是法傳到我了。可是，一般人發心求佛法之時，都有著「自己之小我」有求之心，故都遠離了清淨「諦聽」，都有「自身之外去求佛」的思想，實是相去佛千萬里，故不能成佛。所以《新編正法眼藏》說：「人發心開始求法，亦是期待識得佛法或了悟萬法。當求佛法之時，實質上人們卻離開了法的邊際（摸不著法的邊際），即是落了傍邊，如在門外，遠離了門檻，為門外漢。為了入門故而求，有了『求』之心卻更加遠離了，此即『望道未見之』的境地，如此一來無論到何時都在求的途中。如此一來，眾生始終都在自設眾生之限，不能成佛。但生佛一如故，眾生本來是佛，眾生為求了知佛是什麼！結局是隔岸觀佛，望佛興嘆。自身之外去求佛實是相去千萬里，所以求佛的中間，實際上是沒有親近到佛之身邊。」又說：「然法『正傳』到我之時，亦即真正體會到法的時候，即本

分人也。這時才是真正的人，亦即是佛。云法之傳來，法並非自外傳來到我，我才成為本分人的，了知自己本來就是本分人，就是法傳到我了。眾生本來是佛，普通卻以為眾生本來有佛性，因被迷塵所覆，故不能顯現佛形，而成眾生之形態，若能發現佛性即能立處成佛了。只有佛性亦不是佛，不能說眾生本來是佛，所謂佛性不是佛之性，佛性就是佛即性，性即本然之姿，以為佛之性是能成佛之素質，結局素質不外是佛，理體名如來，智德名佛，因為理智不二故，質與能根本一體，不二的一如。同樣法傳到本分人，即是已知原來本分人，即為之法之正傳，正傳之時即本分人也，了悟時即身成佛，即疾速也，不起於座即時成佛也。人在行駛的船上眼看週圍，以為岸邊，但目看本舟即知舟移，我人亦相同，亂去辨識萬法的時候，會誤認自心自性是常住的。身心亂想即是不舉身心，不識身心一如，不知自己無我。所謂運自己去修證萬法，這正是亂想妄想也。假若運自己去修證萬法亦無妨，若知自己無我即能從迷轉悟，若運自己而不識自己是無我即是亂想，那麼要去辨識萬法，即會墮入種種思想中，誤認自己、自性的本質是常住之物，這就是我的存在，只有萬法森羅萬象在變易，這和乘舟人相似，不知自己即在遷流移位。**但以唯行的無自他境界，方能到達體驗的世界，自此以來如人束裹回鄉，到達根源之處，事事物物即是我身，才謂之體驗，當時即知萬法無我的道理，萬法無我即自己無我，依無我的立場才能證知真正的萬法，這復歸唯行的**

世界即是證佛之道。」這個「但以唯行的無自他境界」，無異「汝今諦聽」中「我的脫落」。

佛言：「善男子、善女人，發阿耨多羅三藐三菩提心，**應如是住，如是降伏其心。**」「如是」二字，**即為全經之精髓。如是者，如來也、金剛性體也，不變不異**；古佛聖賢如是，歌利凡夫亦如是，祇舍王城恒沙塔廟如是，五百世以前、五百世以後，阿僧祇世界亦無不如是。只到如來地位（如是），方了盡也。

「應如是住」之「如是」，是金剛之堅，比喻般若「體」。金剛佛性、實相般若，是涅槃「體」。當體就是涅槃體；諸法炳然，森羅萬象皆存在，不用滅；涅槃體發生諸法，故涅槃而不涅槃，一切法本來就是涅槃體。《肇論講記》說：「我們以佛悟到的眼光入到中心涅槃體再看出來，一切眾生就個個都是如來，也是諸佛。以涅槃體處看一切諸佛，全部都滅盡了，沒有一個不滅盡的。未滅盡是以現象去看的，是錯誤看法。你從滅盡的世界進入無滅盡的世界才能再回到滅盡的世界。本來你若無滅盡你要如何滅盡？因為本來是滅盡的，本來就是滅度的；本來我們就是住在這個家，離開了家才能再回家。我們本來若沒有家怎麼回家？我們的本性也是這樣，因為現在是在變化出去之後又再回頭。花會開是本性，開了一段時間就要凋謝，那時本性又回到了種子裡，所

以種子種下土裡才會再發芽開花。花要謝時，性又收回到種子；宇宙也是這樣，以整個理來看，菩薩入無盡三昧，盡見過去諸佛都已滅度，未來的眾生也都滅度。故當一個人成佛時，盡見宇宙的眾生都已成佛。滅度是指住在那靜靜的不動裡嗎？不是。因為滅度是指理，是以悟境來看的。涅槃是以悟境來看，所以不是要解冰成水冰才是水，冰當體就是水。故波即水，水即是波。然波一樣是波，不需改變波為水。**所以涅槃而不涅槃，諸法炳然，森羅萬象皆存在，不用滅，當體就是涅槃體。涅槃體發生諸法，故涅槃而不涅槃，一切法本來就是涅槃體。」**

「如是降伏其心」之「如是」，是金剛之利，比喻般若「用」。「降伏其心」是般若「用」；「是修滅除煩惱，二無我就能入涅槃，入涅槃則自在」，是般若「用」。《肇論講記》說：「因為我們的邪見造成的錯誤，所以我們用另外一個角度來估計。邪見即迷，迷生執著，執著生愛，愛取不到，故生煩惱。**我們修行是在修什麼？是修滅除煩惱，二無我就能入涅槃，入涅槃則自在，無煩惱故自在。然而當體就是涅槃體了，故不用再加個涅槃。本來是佛，頭上不用再安一個佛，無佛可以再生，本來當體就是。**像我是個戲班子，我裝作小丑，花旦，小生，老生，上台演戲；演完回到後台，把臉一洗，我仍舊是我，戲班子仍是戲班子。他裝

作關公時不是戲班子，但他是戲班子時就不是關公。戲是假的，故名戲論。所以演戲的人和看戲的人都要知道那角色只是戲班子，但要假戲真做，這樣才有人看，世間才有美麗的娛樂。諸法在世間嚴飾就是一種娛樂啊！如此人才有氣色，故諸法不可毀。當體的認定即是涅槃，是涅槃體而不涅槃。一樣有活動，所以涅槃而不涅槃。從這點來看，即知『亡不為無』，雖然已亡境但並不是無。只因為無執著、無住著而已。」

「唯然，世尊！願樂欲聞。」善現「諦聽」也。《金剛經宗通》說：「唯諾皆順從之詞。」又說：「**人證真已，依真而住。今願聞之相，亦『如是』也。**」

大乘正宗分第三

佛告須菩提：「諸菩薩摩訶薩，應如是降伏其心！所有一切眾生之類：若卵生、若胎生、若濕生、若化生、若有色、若無色；若有想、若無想、若非有想非無想，我皆令入無餘涅槃而滅度之，如是滅度無量無數無邊眾生，實無眾生得滅度者。何以故？須菩提！若菩薩有我相、人相、眾生相、壽者相、即非菩薩。」

上一段經文，須菩提問佛：「善男子、善女人，發阿耨多羅三藐三菩提心，應云何住？云何降伏其心？」佛言：「善男子、善女人，發阿耨多羅三藐三菩提心，應如是住，如是降伏其心。」**這說明「住」是「如是住」、「降伏」是「如是降伏」，就是「如是、如是」，總無二義。**故經云：「諸法如義。」《肇論》說：「法性如是，故曰實相。」悟光上師在《肇論講記》說：「所有一切諸法是真如所變，真如不增不減，變出來的東西也不增不減。」又說：「因為現象即實在，只要你去肯定，諸法就都是佛性（如來），因為一切眾生皆具足佛性，眾生皆有如來德相，只要發心將一切肯定，肯定之後能證入同體大悲，那時所發的隱力才會更大。」這本來都很清楚，明明白白，但是因我們的心太小了，大意未明，所以佛透過開示須菩提，先向我們闡述「如是降伏其心（大乘正宗）」，次闡述「應如是住（妙行無住）」。

「應如是降伏其心」的開悟境界是如何？修行人**「應當好好想清楚（正思惟）」**。佛這樣說明：「所有一切眾生之類：若卵生、若胎生、若濕生、若化生、若有色、若無色；若有想、若無想、若非有想非無想，我皆令入無餘涅槃而滅度之。如是滅度無量無數無邊眾生，實無眾生得滅度者。」**我們應當以佛悟到的眼光入到中心涅槃體再看出來，一切眾生就個個都是如來，也是諸佛**。以涅槃體處看一切諸佛，全部都滅盡了，沒有一個不滅盡的。因為本來是滅盡的，本來就是滅度的，佛才能「命令」一切眾生入「無餘涅槃而滅度之」。然而，若住於此「無餘涅槃」中即無法利益一切眾生，為饒益彼等眾生，我應當生起「如是滅度無量無數無邊眾生，實無眾生得滅度者」之「恆常工作」的佛之化身以降伏自心、清淨自身。簡單來說，**此修法是要我們在無餘涅槃中去做有餘涅槃的工作；在有身有精神之下，住於涅槃中工作，這就是「無住涅槃」。無住涅槃是「應如是降伏其心」的秘訣，亦是「大乘正宗」的真諦。**

當一個人成佛時，盡見宇宙的眾生都已成佛，故佛說「我皆令入無餘涅槃而滅度之」。因為眾生的邪見造成的錯誤，所以用另外一個角度來估計；邪見即迷，迷生執著，執著生愛，愛取不到，故生煩惱。悟光上師在《肇論講記》說：**「為何滅度？因為個個的自性如來本來就是滅度的，不是人死後才把本性放在那裡的**；人與諸法是本性、法身當體發出

來的花，這個法性的花就是法華，所以這發出來的是法或變化出的花是來嚴飾世界的，這便是華嚴世界。你若看到世界的諸法是本性變出來的花，這些花嚴飾著世界，所以你的世界就成了無盡藏莊嚴，無盡莊嚴三昧。當你所看到的眾生都已滅度盡了，一切如來，一切過去的諸佛是指自性如來。個個都有一個自性如來，個個都有真如如來。**以理來看，無論是人類或禽獸，無論是多足、八足、六足、四足、二足、無足等一切動物，無論胎、卵、溼、化，一切的動物，還有一切的植物，一切的礦物，一切的個個都是如來，為什麼呢？因為這都是宇宙的真如本性所變。**真如本性俱足六大，因組織的關係，有的有發用，有的沒發用而已。譬如雞蛋未孵化之前，雞蛋是無盡的莊嚴，裡面有很多功能。孵化後，麻雀雖小而五臟俱全，裡面的機能全部顯現出來，這就是諸佛如來、自性如來的功德，你看有多少！你若不會看諸佛如來，就看鳥蛋，當初看它好像沒什麼，一旦孵化後竟是五臟俱全，毛細孔、神經系統樣樣都有，眼耳鼻舌身全部俱足，他會感受苦，會餓，會冷。一隻螞蟻那麼小，五臟一樣俱全，功能甚至比人還要好。**我們以佛悟到的眼光入到中心涅槃體再看出來，一切眾生就個個都是如來，也是諸佛。以涅槃體處看一切諸佛，全部都滅盡了，沒有一個不滅盡的。未滅盡是以現象去看的，是錯誤看法。你從滅盡的世界進入無滅盡的世界才能再回到滅盡的世界。本來你若無滅盡你要如何滅盡？因為本來是滅盡的，本來就是滅度的；本來我們就是住**

在這個家，離開了家才能再回家。我們本來若沒有家怎麼回家？我們的本性也是這樣，因為現在是在變化出去之後又再回頭。花會開是本性，開了一段時間就要凋謝，那時本性又回到了種子裡，所以種子種下土裡才會再發芽開花。花要謝時，性又收回到種子；宇宙也是這樣，以整個理來看，菩薩入無盡三昧，盡見過去諸佛都已滅度，未來的眾生也都滅度。故當一個人成佛時，盡見宇宙的眾生都已成佛。**滅度是指住在那靜靜的不動裡嗎？不是。**因為滅度是指理，是以悟境來看的。涅槃是以悟境來看，所以不是要解冰成水冰才是水，冰當體就是水。故波即水，水即是波。然波一樣是波，不需改變波為水。所以涅槃而不涅槃，諸法炳然，森羅萬象皆存在，不用滅，當體就是涅槃體。**涅槃體發生諸法，故涅槃而不涅槃，一切法本來就是涅槃體。**因為我們的邪見造成的錯誤，所以我們用另外一個角度來估計。邪見即迷，迷生執著，執著生愛，愛取不到，故生煩惱。」

「應如是降伏其心」如何修？**應認定當體就是涅槃體，入到中心涅槃體再看出來，森羅萬象，涅槃而不涅槃；涅槃是以悟境來看，所以一樣有活動，只是再無執著、無住著而已，不用再加個涅槃。**《肇論講記》說：「我們修行是在修什麼？是修滅除煩惱，二無我就能入涅槃，入涅槃則自在，無煩惱故自在。然而當體就是涅槃體了，故不用再加個涅槃。本來是佛，頭上不用再安一個佛，無佛可以再生，本

來當體就是。像我是個戲班子，我裝作小丑，花旦，小生，老生，上台演戲；演完回到後台，把臉一洗，我仍舊是我，戲班子仍是戲班子。他裝作關公時不是戲班子，但他是戲班子時就不是關公。戲是假的，故名戲論。所以演戲的人和看戲的人都要知道那角色只是戲班子，但要假戲真做，這樣才有人看，世間才有美麗的娛樂。諸法在世間嚴飾就是一種娛樂啊！如此人才有氣色，故諸法不可毀。**當體的認定即是涅槃，是涅槃體而不涅槃**；一樣有活動，所以涅槃而不涅槃。從這點來看，即知『亡不為無』，雖然已亡境但並不是無，只因為無執著、無住著而已。」

佛**「命令」一切眾生入「無餘涅槃而滅度之」，這與《肇論講記》所說的「當體的認定即是涅槃」同義**。真如本性已經生成了我們的身，既是知道了就知道了，不要再去想，生成了我們身的即是涅槃體。**知道了涅槃體有作用嗎？有！這意味著我們自學習此經法以來亦本是「無餘涅槃（恆常）」；如是自我們盡此一期短暫生命應作「當體的認定」之修正，這一期短暫生命修法（有餘涅槃）本身是恆常（無餘涅槃），故佛說「如是滅度無量無數無邊眾生（無餘涅槃），實無眾生得滅度者（有餘涅槃）」。這就是「眾生都是涅槃體而不涅槃；一樣有活動，所以涅槃而不涅槃」的無住妙行（無住涅槃）**。《肇論講記》說：「是要善用這個身體，因為理已成為身體了，如原料已經組織成桌子了，這個桌子就

應盡量發揮出桌子的效用，當桌子的氣數盡了、壞了為止，不需留戀，它自己會壞，只要盡量善用其材。**我們既已出生為人，人是宇宙的本性所變現出的戲班子，而你的事業與形體就是你扮演的角色，你要知道你是戲班子，並盡量去演好這個角色。知道桌子是無常的，就應盡量善用此桌。它有很多的用途，可放書、寫字，放茶杯，功能很多，盡量發揮它的功能，在世間活用，此即是我們本宗的主旨。」**又說：「我們於事先就要知道這個原理，不要等扮演戲中的角色後，還不知道你是戲班子，所以在戲演完後要洗洗臉，恢復你本來的面目。我們到死亡時也就是這場戲演完了。這場戲很快就會演完，只是幾天的事。這齣戲結束了，結束之後自己要把臉洗一洗，要知道原來只是個戲班，如果到那時還不曉得自己只是個演員，問題就大了，甚至還把大刀拿到高雄街上亂揮，認為我還是關雲長，那就是個瘋子了，那就是迷的眾生。**所以你在人生的舞台上，盡量去發揮你的功能，但是你本身要覺悟。照常的去做，與別人一樣的去做，這時你覺悟的與別人覺悟的不一樣，這即是自內證。當你知道這個道理並去工做，自己會知道，這便是真言宗的自受法樂。令他人去做自己也感覺滿意，叫做他受法樂。此即自證兼化他，別人也好我也好。因為眾人都是大日如來的本體，故名同體。天地與我為一，萬物與我同根，同是一個一的內容，像許多種子同時裝在一個瓶子裡，像是一家人，每個人都很重要。」**

歸納起來，佛經裡有有餘涅槃與無餘涅槃，還有一個無住涅槃，有這三種涅槃。**這句「我皆令入無餘涅槃而滅度之，如是滅度無量無數無邊眾生，實無眾生得滅度者」到底在說什麼樣的涅槃？這句是在說「大乘正宗」的無住涅槃。「一切法本來就是涅槃體」叫無餘涅槃；「大乘正宗」真正是要我們在無餘涅槃中去做有餘涅槃的工作；在有身有精神之下，住於無餘涅槃中工作，這就是「無住涅槃」。**所以〈大乘正宗分〉之後，便是〈妙行無住分〉了。《肇論講記》說：「有餘涅槃和無餘涅槃均是涅槃本體外的一個假定－假稱呼，本是無話可說的。**涅槃之義是：涅者不生，槃者不滅。不生不滅就是涅槃。**什麼是不生不滅？諸法會生滅，但真如本性、法性、如來德性不會生滅，它在諸法未顯之前，本來無形無色無有什麼，無黑紅青白。涅槃亦如是，無話可說，只是假名，應物故假定了一個名而已。」又說：「佛經裡有有餘涅槃與無餘涅槃，還有一個無住涅槃，有這三種涅槃，而這三個涅槃的形體到底是什麼樣？其實不但是形體看不到，那裡面的質量是什麼也不能知道，這就是接下去要說的。方才說，那個人「涅槃」了，但他並不是成佛了，這是見仁見智的，懂得高級教理的人會說那就是涅槃了。當然未死時也是涅槃；當體雖然活著，也是證入涅槃。那個證涅槃的人仍在活動著，那即是證入無住涅槃。**涅槃的意義與名詞若油然而生在我們的心裡，並住，那就叫有餘，有存在故；或者是還想要什麼功德，要做什麼事，尚有願力未了，仍有**

繫縛，那也是有餘。若我都沒有了願力，退休了，一切事情都放下了，不用煩惱吃飯，也不煩惱死，什麼都不煩惱，什麼都無所謂，內心所執的法都沒有了，這樣叫做無餘。有與無之稱是應那個物，應那個心所法來說的假名，本是無話可說的。**大乘教是把工作做完後去休息才叫無餘涅槃。（無住涅槃）是要在無餘涅槃中去做有餘涅槃的工作；在有身有精神之下，住於涅槃中工作，這才是無住涅槃。」**又說：「無名之物在顯出或未顯時，何有有餘無餘可說？無話可說。**猶如冰和水，水成冰即是有餘，冰溶化成水就是無餘，濕性完全一樣，濕性不住於水亦不住於冰，濕性無住，濕性的理體法性就是無住涅槃。**我們的精神亦應如是，去寄於無住，無住便無煩惱，無煩惱名解脫，解脫就是涅槃，就是證道，也就是菩提。」

一切法本來就是涅槃體，現象即實在，故應直接證佛位；直接證到佛位，但要做的工作未做完，所以還要做。直接證到佛位，於活動中不去執著，便叫無住。《肇論講記》說：「《中論》云：『涅槃與世間，無有少分別，世間與涅槃，亦無少分別。涅槃之實際，及與世間際，如是之二際，無毫釐差別。』真言行者深修觀察，通達『現象即是真實』，即是『涅槃之實際，及與世間際，如是之二際，無毫釐差別』之第三種觀。**因為現象即實在，只要你去肯定，諸法都是佛性，一切眾生皆具足佛性，眾生皆有如來德相。只要發心將**

一切肯定，肯定之後證入同體大悲，那時所發的隱力才會更大。……然我們現在卻是「中因」入，直接由我肯定，幫你們灌頂之後教你們做，你們就照做。什麼是中因呢？直接證佛位，直接證到佛位了，但要做的工作未做完，所以還要做。」《肇論講記》又說：「無住著名無住處，即無住處涅槃。把三種涅槃統一起來，歸到本然理體，也就是本然理體自性涅槃。這不是無住、有餘、無餘，而是自性涅槃，自性本來如此的涅槃。自性涅槃是依理看的，**若以相來看，整個宇宙是一個多的一，互相交叉活動，參差交織，雖是一，但有無限多的活動存在其中。無限多的活動是別，整個宇宙是總。「總」名實相涅槃，「別」則分三種涅槃。我們於活動中不去執著便叫無住。這三種皆是依行者修行的功能所立的名詞。」**

「我皆令（所有一切眾生）入無餘涅槃而滅度之，如是滅度無量無數無邊眾生，實無眾生得滅度者」，**我們於度眾生的活動中不去執著，就是無住涅槃；我們的精神亦應如是，去寄於無住，無住便無煩惱，無煩惱名解脫，解脫就是涅槃，就是證道，我們也就是菩薩。**《肇論講記》說：「你煩惱執著故變成地獄。你若瀟灑，看得透、放得下，提得起，你就在極樂世界了。你努力的，讓別人也能去極樂世界，讓人人都能夠有這樣的感受，不只是自受法樂，也是他受法樂，那你就成了菩薩。你要救這些人，讓他們也得到那種境界，你

去做這些工作，六度萬行，這就是轉法輪，轉法輪就是轉自心的法輪和轉別人的法輪，這就是轉內外法輪。度外面的人是轉外法輪，轉外法輪同時也要我們的心去運作，所以同時轉了內法輪。轉法輪有內外，但根本只是一個。做外面的工作要用內心才能做，無心是不能做的，你去做外面的事你的心當體就是在轉內法輪了，故不是兩個，兩個就錯了。所以修行只須一味，通透一味就成了。所以物物接觸時能相涉無礙，像燈光相涉無礙，這樣就是順道理，順道理故通，逆道理則塞，所以性空學是非常重要的。」

佛言：「何以故？須菩提！若菩薩有我相、人相、眾生相、壽者相、即非菩薩。」**我相、人相、眾生相、壽者相，凡夫迷著以為實有，四相完全是戲論**。悟光法師著《一真法句淺說》云：「阿字門即是涅盤體，是不生不滅的佛性本體，了知諸法自性本空沒有實體，眾生迷於人法，**《金剛般若經》中說的四相，我相、人相、眾生相、壽者相，凡夫迷著以為實有，四相完全是戲論**，佛陀教吾們要反觀內照，了知現象即實在，要將現象融入真理，我與道同在，我與法身佛入我我入成為不二的境界，這不二的境界是絕了思考的起沒，滅了言語念頭，靈明獨耀之境界，所有的五蘊是假的，這五蘊堅固就是世間所云之靈魂，有這靈魂就要輪迴六趣了，有五蘊就有能思與所思的主賓關係，變成心所諸法而執著，能所主賓斷了，心如虛空，心如虛空故與道合一，即時回歸

不生不滅的阿字門。不然的話，迷著於色聲香味觸之法而認為真，故生起貪愛、瞋恚、愚癡等眾蓋佛性，起了生死苦樂感受。諸法是戲論，佛性不是戲論，佛陀教吾們不可認賊為父。」

「我、人、眾生、壽者」等四相，無非是我執，「我相、人相」是「人我」執、「眾生、壽者」是「法我」執。《金剛經》中四相之說，大概在說先藉「法我」來離「人我」，進而離「法我」。這可以作為菩薩自利利他漸次成佛過程的借鑒參考。悟光上師之《肇論講記》說得最妙：「一般的佛教徒從開始先學被縛，藉法、律來縛，來恐嚇，讓他的精神不敢違越，看到佛祖就當作神，不可侵犯；在這期間一直學，學到覺得佛祖就是我了，那佛祖變成了我相，我要像佛祖般的工作，在此時，顯教認為差不多到達了目的。」這是在說明先藉法我相來離人我相。《肇論講記》又說：「但到了這階段卻有個大危險期，因為在進入到我就是佛的時候，就要把佛祖的像毀掉。其實土塑的佛是佛祖，木頭刻的也是佛祖，因為現象即實在，只要你去肯定，諸法都是佛性，一切眾生皆具足佛性，眾生皆有如來德相。只要發心將一切肯定，肯定之後證入同體大悲，那時所發的隱力才會更大。而佛教徒在開始時一直學一直綁，之後再一直解，自己學自己綁再自己解，經累世的綁和解，自由了就能遠走高飛。」

這個「先藉法我來離人我，進而離法我」如何做才是最上乘呢？《肇論講記》又説：「就像禪以無門為門；例如學了一套拳法，力量足夠了，一出拳就把牆撞倒，直接進去，這就是以無門為門。淨土是用走路的，若一直走也可以到目的，這是以有門為門。真言宗也是有門，有方法的門，不是在什麼地方都能進去的門……真言宗是用什麼法呢？是以若從下面修上去的名『東因』入，是從東方發心，往南邊修，修到西方，然後到北方，再從中央進入。然我們現在卻是『中因』入，直接由我肯定，幫你們灌頂之後教你們做，你們就照做。什麼是中因呢？**直接證佛位，直接證到佛位了，但要做的工作未做完，所以還要做**。你若由東因修，此生修不成，後世再來修。中因與東因是先成佛與後成佛的差別。」如何是「直接證佛位，直接證到佛位了，但要做的工作未做完，所以還要做」呢？**「直接證佛位」就是「我皆令入無餘涅槃而滅度之」；既是「中因」入，直接證到佛位了，皈依為佛，自然沒有私心，揚棄傷害他人的想法，故名「藉法我來離人我」**。

所謂「進而離法我」者，就是《金剛經》所説「一切有為法，如夢幻泡影，如露亦如電，應作如是觀」之「甚深十喻」境界了。《金剛經宗通》説：「『一切有為法，如夢幻泡影；如露亦如電，應作如是觀』，唐（玄奘法師）譯云：『諸和合所為，如星翳燈幻，露泡夢電雲，應作如是

觀。』」又說:「**此經名金剛般若,甚深十喻,乃其本旨。**所謂觀一切業如幻,一切法如燄,一切性如水中月,妙色如空,妙音如響,諸佛國土如乾闥婆城,佛事如夢,佛身如影,報身如像,法身如化。唯除妙音如響,餘列為九喻。雖名相稍有不同,大都可以意會,此甚深般若觀智,雖佛事如夢,雖佛身如影,正達一切業如幻。自三十七助道品,乃至菩提涅槃,一切如幻,本大般若破相宗(離法我)也。」又說:「持經說法者,深解義趣,能為人演說,不取於相,如如不動。」《中論》說:「**涅槃與世間,無有少分別,世間與涅槃,亦無少分別。涅槃之實際,及與世間際,如是之二際,無毫釐差別。**」《大日經疏》又說:「『**如咒術藥力能造所造種種色像**』:譬如幻師,幻作種種事,是幻相法爾,雖無根本而可聞見。『**陽焰性空**』:行者於瑜伽中,見種種特殊境界,乃至諸佛海會,無盡莊嚴,爾進應作此陽焰觀,了知唯是假名,離於慢著,轉近心地,則悟加持神變,種種因緣,但是法界焰耳。『**如夢中所見**』:行者修見無量加持境界……但當以夢喻觀之,心不疑怪,亦不生起執著。『**如面緣於鏡而現面像**』:行者以如來三密淨身為鏡,自身三密行為鏡中像因緣,有悉地生,猶如面像;如作如是觀故,行者心無所得,不生戲論。『**以乾闥婆城解**』:菩薩利根,深入諸法空中,故以乾闥婆城(海市蜃樓)喻身,為破吾我故。『**以響喻解**』:行者若於瑜伽中,聞種種八風違順之音,或諸聖者以無量法音現前教授,亦當以響喻觀察於中

不應妄生戲論。『如因月出故，照於淨水而現月影像』：由三密方便自心澄淨故，諸佛密嚴海會，悉於中現；或自以如意珠身，於一切眾生心水中現。若得此相時，應當作水月觀之。『如天降雨生泡』：行者以自心作佛，還蒙心佛開示悟入種種方便，轉入無量法門時，應當作浮泡觀之，了知一切皆不離於自心，故不生執著。『如空中無眾生無壽命』：修觀行時，若有種種魔事，種種業煩惱境，皆當安心此喻，如淨虛空。『譬如火爐，若人執持在手而以旋轉，空中有輪像生』：於瑜伽中隨心所運，無不成就，當此之時應知但由淨菩提心一體速疾力巧用使然，不應於中作種種見解計著為超勝而生戲論。」《大日經疏》又說：「此十喻皆是摩訶衍（大乘）人甚深緣起，非聲聞緣覺安足之處，故名『大乘句』。」此是總結上文，而勸大乘行者，皆應如是而知、如是而觀此十種譬喻。**能了解此十種譬喻中種種心之相貌，然後方可學法修行，成就大乘正宗之「無住涅槃」，於此父母所生之即身成就佛位。**

總的來說，我們若能用「緣生十喻、作如是觀」，即於「藉法我來離人我」當中，知此「法我」皆如鏡像水月，無性無生，如是即知人我（我相、人相）法我（眾生相、壽者相），皆畢竟清淨，即名「進而離法我」；既不住於有為而取於相，亦不住於無為而離於相。這就是《金剛般若經》中說的菩薩無「我相、人相、眾生相、壽者相」了。

妙行無住分第四

「復次，須菩提！菩薩於法，應無所住行於布施，所謂不住色布施，不住聲香味觸法布施。須菩提！菩薩應如是布施，不住於相。何以故？若菩薩不住相布施，其福德不可思量。」

「須菩提！於意云何？東方虛空可思量不？」

「不也！世尊！」

「須菩提！南西北方四維上下虛空可思量不？」

「不也！世尊！」

「須菩提！菩薩無住相布施，福德亦復如是不可思量。須菩提！菩薩但應如所教住。」

佛陀已透過〈大乘正宗分〉先向我們闡述了「如是降伏其心」之關鍵 —「無住」涅槃。而這無住涅槃對我們無疑仍是理論。理論就是一種概念，概念就是要讓人走入正道，破邪顯正，把邪執解掉的，在我們修的時候就不會錯誤。但這仍只是理論，大家不妨想想看，是否是這樣？所以佛陀才在

這〈妙行無住分〉裡繼續向我們開示具體去證悟「如是安住」之修行－以「無住」而「行於布施」。就是以這個「應無所住（無住）」理論作為前題，配合著講「行於布施（妙行）」，教我們要如何出來活動去肯定自身成佛、去證悟「如是安住」。

首先，何謂「應無所住」？所謂「應無所住」者，「應該（應）」時時看一切諸法皆以「無住法身（無）」為「處所（所）」而「安住（住）」；無住法身（無）就是如來，是一切諸法的安住處。《肇論講記》說：「無住處就像如來，孑然一身，心如虛空，到了那裡都是他的家，沒有某個地方才是他的家。」一切諸法既都是「無所住」的，自然就應該一體同觀，故《肇論講記》說：「因為眾人都是大日如來的本體，故名同體。天地與我為一，萬物與我同根，同是一個『一』的內容，像許多種子同時裝在一個瓶子裡，像是一家人，每個人都很重要。」

那麼，何謂「應無所住行於布施」呢？一切諸法既都是「無所住」的，同是一個「無住法身（無）」的內容，眾人自然就應該都是一體同觀，故佛常念「自己能如何孕育眾生成佛」並做出貢獻而「行於布施（妙行）」；亦唯有這樣才可以真正的證悟到所謂涅槃體基本上就是一切眾生一體的連結，並且當自己身而為人在與眾人心智互交融、在大眾裡成

為當中的一份子之時，不須再問別人能為我做什麼，相反只去問自己能為其他人做什麼，故名「妙行」。這樣，我們才可與「無住」涅槃這個超越了「我相、人相、眾生相、壽者相」之菩薩境界相應。

經中又說：「菩薩於法，應無所住行於布施，所謂不住色布施，不住聲香味觸法布施。須菩提！菩薩應如是布施，不住於相。」「法」者，一切諸法，即是萬事萬物的意思。《肇論講記》說：「**所有一切諸法是真如所變，真如不增不減，變出來的東西也不增不減。因為真如不守自性，故所生的萬象也不守自性，所以說全無自性，無自性故空。**」我們覺悟了「一切諸法是真如所變」這不二的道理，心就完全不會執著，即經中所云「**所謂不住色布施，不住聲香味觸法布施**」，自會對家庭、社會、國家、世界依自己的本份去做事，無代價的去做，是名「**無所住行於布施**」；這樣就是佛，就是供養諸佛、諸菩薩，也就是布施諸眾生。《肇論講記》云：「心空，布施無代價才叫做空。自己做，叫人做；看人做起歡喜心，無妒忌，功德才會大，故『心如虛空，福如虛空』。」這是佛的實證境界。

佛說：「菩薩應如是布施，不住於相。」《肇論講記》說：「而你覺悟了不二的道理（一切諸法是真如所變），就完全不會執著，你會對社會國家依自己的本份去做事，無代價

的去做，這樣你就是佛，就是供養諸佛、諸菩薩，也就是布施諸眾生。而自己在本份事內絕對不能生起有或無的心，因為布施的物本來性空，布施之人性空，受的人亦性空，三輪都性空，此即是自己本份事，是自己應該要做的，所以不用計較。」三輪都性空，所以說「菩薩應如是布施，不住於相」。

佛說：「若菩薩不住相布施，其福德不可思量。」《肇論講記》說：「一切諸法無所住並去運用，去運作佛的事業，救度眾生，覺得所住之處都是寶貝，一切的一切都是佛的道場。」菩薩看一切諸法「無所住」，都是寶貝，故不執著，心就像虛空一樣，心空故與虛空相應、與涅槃體（無、又名無住法身）相應，故名「無心」。故知「應無所住」者，又名為「無心」；所以「無所住而行布施」，又名「無心布施」。《肇論講記》云：「『無心布施』是無心認為自己是在為你工作，故他沒有代價，他不認為布施有什麼功德，這是不施而施，不施而施故不執著，心空故，心就像虛空一樣，與虛空相應；心空時與虛空一樣，虛空很大所以功德也很廣大。因為他需要，我們就應幫忙而不取代價，這樣去工作就與虛空一樣大。」心空時與虛空一樣，虛空很大所以功德也很廣大，是故佛說「若菩薩不住相布施，其福德不可思量」。

佛又説：「菩薩但應如所教住。」《肇論講記》云：「這個無代價的大不僅是自己去做，更要自作，教他作，見作隨喜。這樣才能完成真正的修行，入到三摩地。如果只是你一個人做，不讓別人幫忙做，那也是自私。你一個人能做多少呢？所以你做也要叫別人做，這樣才能廣大。你看到別人在做，你也要歡喜，這樣才更大。你的心才能改造成功。**所以自作，教他作，見作隨喜，這三項即是修行的真正目標。這就是修行的過程，不一定要在某處，在那裡都是修行的道場。**你若認為要去某個道場或是在家裡修行才是修行，這樣就太離譜了。**道場是我們製造心靈的歸順，道場是什麼？是心的歸順。因為凡夫染習深重，故要對道理加以瞭解，瞭解宇宙本來的體性是清淨無染的，故我們藉著此身來修種種的三摩地法，去改正精神，去體悟到本來的原理，這就是修行的法門。」**所以「自作，教他作，見作隨喜」，這三項即是「菩薩但應如所教住」的真正目標，不能錯認。

我們要出來活動去肯定自身成佛、去證悟「如是安住」，應時時刻刻心無所住的看著涅槃體的純真，只是看著這「一切眾生（有情、無情）一體同觀」的涅槃體而已，這就是本經以**「東方虛空不可思量」、乃至「南西北方四維上下虛空不可思量」**作比喻的「一道清淨心」。《肇論講記》云：「真言宗說西方屬法，法是諸法，教法是法，字是法，說話是法，顯出來的諸法都是法。東方屬精神，精神界、金剛界

是屬東方。東方屬精神。西方屬法，法是理。理智冥合屬南方，故南方又叫不二。不二的果德即是理與精神凝結成的真如。真如要如何用？在北方用，北方即將身口意三項活動拿出來用。故若說有，本來無；若說無，本來有。本來就有那個物，有那個功能。**你若能明瞭涅槃道，你的心就不會繫著在有與無，並會超出有無的界限，那時便無話可說。真如本性要怎麼說？不能摸，不能拿，亦無黑紅青白，那要怎麼說？**」所以，只能看著，故本經說「東方虛空不可思量」、乃至「南西北方四維上下虛空不可思量」。

總的來說，應時時住此涅槃體再來肯定「現在的有」來工作；要這樣把日常生活中的精神放進「無住涅槃」裡，是名「大日如來的無住處」。若成了大日如來的無住處時，就是佛了。《肇論講記》說：「瞭解實相（涅槃體）的空；再來肯定現在的有，來工作，若這樣，煩惱就沒有了。這樣當場即能證到涅槃（無住涅槃）。」又說：「因為我有住處而大日如來無住處（無住涅槃），若成了大日如來的無住處時就是佛了。你的境界能否升到那裡？升到那裡時你就成佛了。」我們的境界能否升到那裡？佛告訴我們：「須菩提！菩薩但應如所教住。」

如理實見分第五

「須菩提！於意云何？可以身相見如來不？」

「不也！世尊！不可以身相得見如來。何以故？如來所說身相，即非身相。」

佛告須菩提：「凡所有相，皆是虛妄。若見諸相非相，則見如來。」

「須菩提！於意云何？可以身相見如來不？」須菩提說：「不也！世尊！不可以身相得見如來。」這說明如來無一定相。《肇論講記》說：「如來無一定相。如來表示原理，是生出諸法的原理，形形色色的諸法都是如來相，每一個法都是如來德相，功德俱備，一項無缺，功德齊全，俱足六大。」形形色色的諸法都是如來相，每一個法都是如來德相，這正好說明如來無一定相，所以經云「不可以身相得見如來」。

若要將「形形色色的諸法都是如來相」的道理把握得住，就得先釐清「佛、如來、世尊」的分別。《金剛經》內有「佛說」，這是指精神；有「如來說」，是指物理；「世尊

說」，世尊即釋迦牟尼佛。釋迦牟尼佛於開悟後教化眾生，於講形形色色諸法的道理時會用「如來說」，講解有關精神方面便用「佛說」。**所以，「如來」也表示物理道理，是生出諸法的原理。**

如來既是生出諸法的原理，故又名「如理」；形形色色的諸法既是如來變化出來的，都是如來相，所以都是「如法」。悟到「如」理「如」法，心即「如如不動」。由這種「如理如法」觀念進入，即人人都能從法法去透視到如來德性，去觀如來，這叫做「如理實見」，又名「正觀」，表示你悟到宇宙的本性。《肇論講記》說：「是如如不動，如如不是什麼都無，『如如』是如理如法，『不動』是心不動；就像車輪轉動時，一根針插在輪之軸心一樣，不轉而轉，轉而不轉，這樣就是『心行處滅』。由這種觀念進入，去看實相，去看如來德性，去觀如來，用這種看法去觀叫做正觀。若用別的方法去觀『佛長的是這樣的』，這樣就不是見佛了。**見佛就是你已經見到你的心；見如來是瞭解到宇宙的道理。佛不可以相見，不可以音聲見；若以音聲形色見如來，是人行邪道，不能見如來。這表示你沒有悟到宇宙的本性，你不能見到佛。**」所以，「見如來」是瞭解到宇宙的道理而已。

須菩提說：「何以故？如來所說身相，即非身相。」**既然形形色色的諸法都是如來相，如來即具一切形（身相）而又**

無形（非身相），無形（非身相）又具一切形（身相）。

《肇論講記》說：「毘盧遮那佛是宇宙的真理；毘盧遮那佛就是大日如來，就是宇宙整個的真理。」又說：「**（毘盧遮那）佛具一切形而又無形，無形又具一切形。**若說畫的佛就是佛，那麼甲畫的與乙畫的就不一樣了，佛若只有一個，那麼佛怎麼不相同？畫起來就應該一樣，相要用照相機照才會一樣，若用畫的，十個人十個人都不一樣。所以哪一個才是佛？真正的佛在此（心），其它的畫都是假的，都不一樣。**所以佛無一定相，如來無一定相。如來表示原理，是生出諸法的原理，形形色色的諸法都是如來相，每一個法都是如來德相，功德俱備，一項無缺，功德齊全，俱足六大。**六大是大約而說的，其實裡面有無限多的元素，大部的分類是六大，儘管再小的東西都是俱足六大，大的亦然，大小一樣，你若能悟到這個道理：在未成為物之前的原理就是有很多空性的元素，這很多空性的原料依因緣所生法生出諸法，故諸法亦是空性，這個空性與那個空性是有名和無名之分，**就如三支竹子有綁與沒有綁之分，三支竹子綁起來叫三腳架，沒有綁叫三支竹子，但這兩個觀念都是錯誤的。**」譬如三支竹子綁起來叫三腳架，沒有綁叫三支竹子，但這兩個觀念都是錯誤的，所以說「如來所說身相，即非身相」。《肇論講記》說：「故不要執相，相是假的，相是組織法，而原料是真的，所以假中有真，真的相是假的。因為『真』是無相，所以有相皆假。無相生有相，有相的源頭、資料、資糧，都

是真如本性，都是真的，真的無相，故名性空，亦名法性。**法性隨緣生萬物，真如即是法性。」**

佛答須菩提：「凡所有相，皆是虛妄。若見諸相非相，則見如來。」**為什麼「凡所有相，皆是虛妄」呢？相是假的，相是組織法，三支竹子綁起來叫三腳架，若我們認為三腳架是有的（有相），我們就錯了（虛妄）。那是性空，是宇宙的本性。**緣生的諸法，沒有實體，緣生故空，名性空。是「性空」，但有否？有，有三腳架的存在。有否？沒有，因為三腳架是假的，沒有綁叫三支竹子。**有和沒有的原理要如何看？佛說：「若見諸相非相，則見如來。」見諸相非相，則有也好，沒有也好，都不有不無（中道），這表示你悟到宇宙的本性：法性隨緣生萬物，真如即是法性。悟到這宇宙的本性，是名「見如來」。《肇論講記》說：「真如本性如棍子，綁成三腳架就成三腳架，綁成四腳架就成四腳架。**由因緣組織變出了森羅萬象，參差不齊，形形色色。若我們認為三腳架是有的，我們就錯了，那是性空，是沒有的。但有否？有，有三腳架的存在。有否？沒有，因為三腳架是假的。有和沒有要如何看？**有也好，沒有也好，不有不無，是名中道。所以緣生的諸法，沒有實體，緣生故空，名性空。總體是真如所變現的，故亦名法性。真如法性所成的諸法，因為真如無相，所以諸法本體寂滅，完全是性空寂滅的；寂滅無相名實相。」又說：「第一個原則一定要從空入再出。**

瞭解實相的空，再來肯定現在的有，來工作，若這樣，煩惱就沒有了。」

這「如理實見（正觀）」要用「法」去修。要用什麼法去修？佛所說「若見諸相非相，則見如來」，是要我們去悟到法身－本來自性。正如上段所講，透視這本來自性的原理，一定要從空入（見諸相非相），再出（則見如來）；瞭解實相的空，再來肯定現在的有，來做佛的工作，這才表示你悟到宇宙的本來自性，故名「如理實見（正觀）」。相反若不能「從空入再出」去透視本來自性的原理，即名邪觀。《肇論講記》說：「菩薩悟到法身－本來自性。本來只是戲班子，不是關公，不是小丑，不是反派，**因為他已經悟道了，所以說法身無相。這個如來本性的涅槃體，叫做法身。法身未發生與發生都是無相的；發生出來的相只是假相；組織是組織，但一樣是無相，你若認為有相就不對了；因為暫時組織故無相。**像電視是組織的，若我們所調的週率與電視台的週率不合，就看不到影像，一定要調到正確的週率才能顯現出影像來。法身諸法也一樣，是很多影像組合起來的。本來只是無限多的粒子，後來組合在一起的，它會成為完整的畫面是週率恰好調和的結果。週率不和就又會分開，又只是空間中的波、粒子而已。波裡面是光，也就是本性。**若透視了，法身即是無相；但若有需要時它就能應物。**應在收音機便會出聲，應在電視便會出現螢幕，應在電風扇就會扇風，

應在電燈就會放光。電是一味，**本來無相，應物而現形。**」
又說：「**我們自空中跳出來，再肯定，再實在去做佛的工
作，做金剛薩埵的工作，做覺有情的工作，這樣我們才能成
佛。**這是大乘經典最高的、最權威的一部經典。若我們還未
進入空門，要怎樣才能從空出有呢？所以我們的信仰就會偏
差。」

《肇論講記》又說：「若以理方面來透視相，相皆是假的，
相非真相，非真相故無相，無相故為暫時假立的相。假如我
們以火劃圓，火就變作火圈，火若劃三角形，這火圈就變成
三角形。所以人可以創造，由我們的精神系統，於悟道之後
站在中心點，以你的精神系統去改造你的心靈及一切的行
為，甚至相貌，這都是精神能管得到的。」又說：「一切的
萬物及我們通通都是一真法界的六大所生，天地與我為一，
萬物與我同根，同樣是那個源頭所生的緣生法。」**所以無論
如何都要以理方面來透視相，於悟道之後站在中心點，以你
的精神系統去改造你的心靈及一切的行為。應進入空、看到
實相，不要只看假相並認定；要同時知道假相的當體是真相
無相，只是暫時變成的。我們的身體也是一樣，故我們身的
當體就是如來，當體既是如來，還要找什麼如來？這時，我
們應自空中跳出來，再肯定，再實在去做佛的工作，這才是
「凡所有相，皆是虛妄。若見諸相非相，則見如來」之「正
觀」。若不能「再肯定，再實在去做佛的工作」，即名「邪
觀」。**

正信希有分第六

須菩提白佛言：「世尊！頗有眾生，得聞如是言說章句，生實信不？」

佛告須菩提：「莫作是說。如來滅後，後五百歲，有持戒修福者，於此章句能生信心。以此為實，當知是人不於一佛二佛三四五佛而種善根，已於無量千萬佛所種諸善根。聞是章句，乃至一念生淨信者，須菩提！如來悉知悉見，是諸眾生得如是無量福德。何以故？是諸眾生無復我相、人相、眾生相、壽者相。」

「無法相，亦無非法相。何以故？是諸眾生若心取相，則為著我人眾生壽者。若取法相，則著我人眾生壽者。何以故？若取非法相，則著我人眾生壽者。是故不應取法，不應取非法。以是義故，如來常說：汝等比丘，知我說法，如筏喻者，法尚應捨，何況非法。」

須菩提白佛言：「頗有眾生，得聞如是言說章句，生實信不？」若有眾生得聞「如是言說章句（應如是住，如是降伏其心）」，能於以上所說「如來善護念諸菩薩，善付囑諸菩薩」這個如來真「實」義生起「信」解嗎？能於「如來善護念諸菩薩，善付囑諸菩薩」這個如來真「實」義生起

「信」解，信解「我們唯是常為攝化眾生（善護念諸菩薩，善付囑諸菩薩）而示現種種不同之佛菩薩，無有凡夫」，不可思議的佛境就來了，這就是「正信希有」。

佛告須菩提：「莫作是說。如來滅後，後五百歲，有持戒修福者，於此章句能生信心。」何以說「莫作是說」？因為成佛說簡單很簡單。何以說「有持戒修福者，於此章句能生信心」？沒福氣是不能得道的啊！故《肇論講記》說：**「你們要知道，成道說簡單很簡單，但成道也要有福氣，沒福氣是不能得道的。」**成佛說簡單很簡單，但沒福氣是不能得道的啊！何謂「有持戒修福者，於此章句能生信心」？《大日經》以此為「持戒修福」之行：「何為戒？觀察之，即捨自身奉獻諸佛、菩薩也。何以故？若捨自身，即為捨三事。何為三？曰：身、口、意也。」日常行事除此身、口、意外，別無其他了。故悟光上師於《密教思想與生活》說：「所謂身、口、意業奉獻諸佛者，即是將日常之行事予以淨化之，再認識之，而在參與法身佛之聖業的精神下去行事活動。為此，首先非從以肉體我為基本的小我見地中脫離不可，從小我之脫落上來說，即是捨身行。雖言捨身，卻不是徒毀身體的意思。是因此而能求得一句法門完成大願，心靈活於永遠之處乃是價值所在。」既言「身、口、意業奉獻諸佛者」、「而在參與法身佛之聖業的精神下去行事活動」，以此為實，故經云：「當知是人不於一佛二佛三四五佛而種善根，已於無量千萬佛所種諸善根。」

此福氣的秘密，是經中所說的「如來悉知悉見，是諸眾生得如是無量福德。何以故？是諸眾生無復我相、人相、眾生相、壽者相」。何謂「如來悉知悉見，是諸眾生得如是無量福德」？如來者，即宇宙大生命的真我，為了自己的完全活現，即一如地活現天地萬有、森羅萬象所有的一切，來充實自己的內容。作為宇宙大生命當體內容中的一事一物，無一不具真我生命的脈動，《金剛經》稱為「是諸眾生得如是無量福德福聚」、「已於無量千萬佛所種諸善根」，真意為「諸佛之一切功德在其中」。悟光上師於《密教思想與生活》說：「『如來（宇宙大生命的真我）』乃是久遠劫前，不斷地創造再加創造，積聚而又聚集，以過去之輝煌功德行蹟為基本，更伸及未來，活現一切於過去，積聚盡未來劫之一切功德行蹟的當體故也。」又說：「如此，這宇宙大生命的真我，為了自己的完全活現，即一如地活現所有的一切，來充實自己的內容，這就是天地萬有、森羅萬象的當體。其內容中的一事一物，都存在有真我的溫血流動著，無一物不具真我生命的脈動。這一切都是大我生命的實相，是絕對者，亦是法身佛之功德相。為要表現這功德相，佛教即以『塔婆』暨『制底』之形來象徵。這『塔婆』或『制底』之語，有積聚或聚集之含義，所以用之表示『生（宇宙大生命）』其物都是活現過去的一切、積聚功德行業於未來，永劫而聚集之。善無畏三藏將『制底』翻為福聚，意為『諸佛之一切功德在其中』。從此義可知，諸佛之功德，即是積聚

或聚集所有一切物的『生（宇宙大生命）』當體其物之內容也。」又說：「無論何物，都是構成永遠不滅的窣覩婆世界中的分子，同時也是聖的佛體之功德聚。」

「是諸眾生無復我相、人相、眾生相、壽者相」正好道出諸眾生去除私心捨棄小我，就是最有福氣的了。《密教思想與生活》說：「以塔婆或制底之形，來象徵功德聚的宇宙秘密……其中之秘密是名『心為佛塔』。為要開啟這宇宙秘密的心塔之扉，非先打破迷執『個我』為獨存性之物的妄見不可。」又說：「打破這層妄執，開放心戶，而貫通一切，無限絕對之靈（如來）的生命力才能流入。如同於密閉之房中開了窗戶，天地自然美景才能透入一樣，這叫『入智』或名『金剛偏入』。因為開了心戶而召入如金剛般永遠不滅之全一『生』其物的大靈力，所以叫『偏入』。」

既知「是諸眾生無復我相、人相、眾生相、壽者相」故，則「是諸眾生得如是無量福德」，故佛又說：「無法相，亦無非法相。」這「無法相，亦無非法相」並非指沒有什麼相，是指離了一切生或滅，斷或常，一或異之對立，當然是無知解者亦「無復我相、人相、眾生相、壽者相」的；所以「無法相，亦無非法相」就是將自心量放大如虛空，萬物納入自身中，這就是「得如是無量福德」了。《密教思想與生活》說：「無相（無法相）並非指沒有什麼

相，是指離了一切生或滅，斷或常，一或異之對立，了其所呈現各式各樣之對立相狀。但當體即如流水般，一次一次地流動變化（無非法相），無固定相，此乃『生』其物之不可思議力的絕妙活動，本來非生或滅。遠離了所有一切對立，安住其心於此境界上，曰：『本不生心』。『阿』字是象徵本不生之梵語首位字母，故以『阿』字安心立名。」

「無法相，亦無非法相」並非指沒有什麼相，而是直指實相。《新編正法眼藏》復說：「『實相』者現象之源頭，其源頭即空，空並非無一物之空，而是**萬物生成之原理，依肉眼看不見故曰無相**，其無相即佛性，或云真如，或云法性，或云法界體性，這體性充滿時空，而不斷地活動的常住性，永遠無止境地流轉無常，流轉中依『成住壞滅』而新陳代謝，顯現萬物之生滅，這種動力是沒有第二義之目的，而如環無端無常地創造與毀滅，這體性名涅槃性。」

佛說：「**是諸眾生若心取相，則為著我人眾生壽者。若取法相，則著我人眾生壽者。**」又說：「**若取非法相，則著我人眾生壽者。**」因為眾生總不能「去除私心捨棄小我」，不能「開放心戶，貫通一切，讓無限絕對之如來的生命力流入」，則常「心取相」、「取法相」、「取非法相」，故「著我人眾生壽者」。唯有當我們免因於渺渺的小我見中，而以天地間所有一切為自己之內容，全一地活現，

才可心不執取相、非法相。正如《新編正法眼藏》所說：「吾人以六根為工具，將能取之心攝取對境之所取的諸法相，成為心所諸法，經由分別揀擇出自我的認知，這認知乃依人而異，故不是絕對正確的，故不名正法。反之若將面對的事物，不加思索地當下直認，即人人相同，故謂之正法。我人不是聖人，故收來之諸法皆是邪法。佛陀教我們從此邪法中去透視其實相，這透視之能觀之智曰『眼』。」又說：「免因於渺渺的小我見中，而以天地間所有一切為自己之內容，全一地活現。能如此，當下即是『生』於完全、永遠無限。依此心塔開扉而開了『新心眼』、『新視野』、『新聞境』、『新感度』、『新思想』，以之更生了這個世界，所謂『開無上之金剛眼』及『生於佛家』是也。因為在溺於個我為本之迷妄下，彼此互相殘害，現出修羅相，如此非生於惡趣世界不可。但是，一旦自覺，將他人、自己成為真正自己的內容，活見於全一的體驗境界，即是展開佛的世界，更生於佛之家庭者也。」

佛說：「是故不應取法，不應取非法。」這是要我們去調和「事（法）」與「理（非法）」之對立，「有相（法）」與「無相（非法）」的矛盾，如實體得並把握其「不二」之諸法真正姿態。要在修持中，先「不應取『法（事）』」，就是要從理念入；然後「不應取『非

法（理）』」，就是再從理念出來。要在修持中，於事物現象中印證理念。《密教思想與生活》說：「去調和『事（法）』與『理（非法）』之對立，『有相（法）』與『無相（非法）』的矛盾，如實體得並把握其不二之諸法真正姿態，這旨趣善無畏三藏謂『諸行人若放捨諸行，住於無相亦不可；執著於諸行，而住於有相亦不可』者此也。」

《肇論講記》說：「修行證道，譬如像渡河到彼岸，此論就是渡過彼岸的頭關空門。顯教一定要從空門入，真言宗是否也要從空門入？也要從空門入。入空門是要從理念入，再從理念出來，要在修持中，印證理念。空是空什麼？空是不空喔！立不空如來藏喔！」又說：「真言宗是有宗。有宗是什麼宗？有宗是從空中生出來的，肯定出來的宗，是真空妙有的有宗。我們所看到的是凡夫有，禪宗入進去的是空門、空宗。我們自空中跳出來，再肯定，再實在去做佛的工作，做金剛薩埵的工作，做覺有情的工作，這樣我們才能成佛。這是大乘經典最高的、最權威的一部經典。若我們還未進入空門，要怎樣才能從空出有呢？所以我們的信仰就會偏差。」

佛說：「以是義故，如來常說：汝等比丘，知我說法，如筏喻者。法尚應捨，何況非法？」何謂「如筏喻者」？沒有船筏，我們就不能渡河達彼岸，到目的地時，就要捨筏登岸。那個筏，就是「理（非法）」。依那個筏讓我們渡過彼岸（要從空門入），到岸時就要捨筏登岸（自空中跳出

來，再肯定）。在修持中，是要從理念入，再從理念出來，實在去做佛的工作啊！所以，《肇論講記》說：「依那個筏（『理（非法）』）！依那個筏，讓我們渡過彼岸到，達到目的（不應取『法（事）』）；那時，就要捨筏登岸（不應取『理（非法）』）。但開始時若沒有船，我們就不能渡河。」沒有船我們就不能渡河達彼岸，是說「法尚應捨」；到目的地時，就要捨筏登岸，是說「非法」亦捨。

依那個筏讓我們渡過彼岸（要從空門入，是說「法尚應捨」），到岸時就要捨筏登岸（自空中跳出來、再肯定，這是說「非法亦捨」）。在修持中，是要從理念入，再從理念出來，實在去做佛的工作啊！佛已經悟道了，所以能說出「法尚應捨，何況非法」。小乘只懂入空門，只知「法尚應捨」，而不識「非法亦捨」；大乘佛教才是真正識得「法尚應捨，何況非法」的。《肇論講記》說：「如來本性的體，叫做法身。法身一切法，未發生與發生，都是無相的；發生出來的相只是假相，你若認為有相就不對了；因為暫時組織故無相。組織是組織，但一樣是無相。」又說：「已經得道的人，若說已得道或說已成佛都是臭宗教味、臭佛味的，其實是根本不用說的，本來是一樣的，說只是假名。佛是體名，菩薩是假名，本性是假名，一切都是假名，所以不值得欣羨，本來如此嘛！瞭解與悟道的人都是聖人，但這只是以客觀稱號的。聖人的身心是指悟道的人，他本來就不執著，

他有身卻不去執著身，他有心而不去執著心，我法二執已破，我法二空；身與心不執著，無所住，哪還有什麼能煩勞此身心的呢？身體有病是自然的！壞了就壞了，好了就好了。而我們的心在煩惱，在妄想，我們若清楚了也就好了。猶如一個會游泳的人，懂得水性，跳入水中就像在極樂國土，若看到有人溺水還能順便救起他。不識水性的人等於未悟道，水等於苦海，未悟道的人跳入水中變作苦海，在那裡沉浮掙扎。會游泳的人如悟道的人，瞭解水性，下去水裡就變極樂世界，在那裡游泳嬉戲，還能順便救度被淹沒的人。菩薩便是在苦海中出苦海，在污泥中出污泥，他在三界火宅的大苦海中遊戲。悟道的人在苦海中活用遊戲，遊戲三昧並能救人，猶如在極樂世界般的爽快。我們若會游泳就能時時泡在其中，若不會游泳怎敢下去？但是羅漢就不敢了，因為他不會游泳，下了水不會呼吸，那太麻煩了。所以羅漢跑到山上去睡覺；羅漢在高山打瞌睡，菩薩落荒草。故曰：『佛法在世間，不離世間覺。』故菩薩無所謂，來水裡打滾，因為他會游泳、會造船、會做筏、會渡人，他的技能很多，所以什麼都不怕。羅漢不會做，無一技之長，不會游泳，遇颱風大雨便煩惱，他只能在高山上睡覺，佛祖就說那是焦芽敗種。我們不要學這套，大乘佛教是學菩薩行的。」

無得無說分第七

「須菩提！於意云何？如來得阿耨多羅三藐三菩提耶？如來有所說法耶？」

須菩提言：「如我解佛所說義，無有定法名阿耨多羅三藐三菩提，亦無有定法，如來可說。何以故？如來所說法，皆不可取、不可說、非法、非非法。所以者何？一切賢聖，皆以無為法，而有差別。」

「須菩提！於意云何？如來得阿耨多羅三藐三菩提耶？如來有所說法耶？」須菩提言：「如我解佛所說義，無有定法名阿耨多羅三藐三菩提，亦無有定法，如來可說。」釋迦牟尼佛於開悟後教化眾生，於講形形色色諸法的道理時會用「如來說」，講解有關精神方面便用「佛說」。所以，「如來」也表示物理道理，是生出諸法的原理。釋迦牟尼佛於形形色色諸法的道理，是再無有所說法了；這是在說明無餘涅槃（無為）的道理，是說釋迦牟尼佛圓滿了他的願。《肇論講記》說：「《心經》說：『以無所得故，得阿耨多羅三藐三菩提。』若有所得就會變成什麼？就會變成我們，我們就是有所得，聖人則是無所得。所以『無餘（無餘涅槃）』的人就是指那個高人，他的教化因緣已盡，發願要做的工作已經做完，願已滿了，不用再做了，要退休了，退

休後，他對境心所起的『靈照』已滅。『靈照』就是『這個人要度，那個人不用度』或『用某種機教來度』等等。這種應機逗教的智慧，叫做『靈照』。若『靈照』沒有了，不再起作用了，就是『廓爾無朕』，也就是無有朕兆，無有消息，一切的活動都停止了。**內心的活動均停止，不去想，他的工作已完成，煩惱已無，沒有剩餘的願，沒有剩餘的煩惱，已經清淨了，要度的眾生全已度盡，一切要做的事情都已做完，退休了，一切無餘。**他的精神、心靈中的空性已到達了那個境界，一切無餘，這就是『無餘涅槃』。」沒有剩餘的願，沒有剩餘的煩惱，已經清淨了，要度的眾生全已度盡，一切要做的事情都已做完，這就是「無有定法名阿耨多羅三藐三菩提，亦無有定法，如來可說」之妙趣。

「何以故？如來所說法，皆不可取、不可說、非法、非非法。」佛，沒有剩餘的願，沒有剩餘的煩惱，無願之願是無所得的，已經清淨了，所以說「皆不可取、不可說」。無願之願中，哪裡有罪與福，生與死呢？是法不是法（非法）；無願之願中，一切要做的事情都已做完，所以也不能說樣樣都不是，而是樣樣都是法（非非法）。《肇論講記》說：「無餘涅槃是聖人教化眾生時要機教相扣，因緣才能和合成熟（如來所說法）。故教化眾生也要因緣，你的發心為因，對象為緣，因緣和合才能圓滿無願之願，無願之願是無所得的（皆不可取、不可說），因為不想得才能得到大的

果。」《肇論講記》說：「『是法非法無非法』，是法不是法，但也不能說樣樣都不是，而是樣樣都是法。有相（是法）與無相（不是法）都是實相，樣樣都是實相。身和心原來不二，性本空，哪裡有罪與福，生與死呢？無法可說的（如來所說法，皆不可取、不可說）。」

「所以者何？一切賢聖，皆以無為法，而有差別。」我們一般所認識的佛（一切賢聖），修證到大果的，都是要現身來三界受苦、發心、修行、證果、入涅槃、開方便的，一定都是這樣的。若他的機教盡了，他所發揮的智慧光彩就會收回來，「靈照」就無了、絕跡了，他無心再想他所做的事。《肇論講記》說：「我們一般所認識的佛，修證到大果的，都是要現身來三界受苦、發心、修行、證果、入涅槃、開方便的，一定都是這樣的。若他的機教盡了，他所發揮的智慧光彩就會收回來，『靈照』就無了、絕跡了，他無心再想他所做的事。譬如鳥飛過虛空去覓食，然後牠再照原路飛回到牠的巢，這樣就叫應跡未絕；雖然虛空無痕又無標誌，可是這隻鳥飛過去，又知道飛回牠的巢穴，這就表示牠的應跡未絕。現在的『無餘』是聖人圓滿了他的願，已應跡無痕，他的這些記憶都無了，連要回到原處也不知道要如何回來。他五蘊轉化成了五智，以五智去度眾生，眾生度盡，他把靈光收斂，像鳥飛過不留下念頭要再從那裡回來一樣，這樣即是「應跡俱絕」，又名「廓爾無朕」，無朕兆。又像燒

過的柴成了灰，沒有一點剩餘，這樣即名無餘。無餘涅槃即是進入了法身體，本體的法身體，這一期的輪迴到這裡終止的意思。我們出世做人不知有多少次，五蘊中的潛在意識一直輾轉至今，如今洗盡，返回本體；一切的煩惱在一念之間清除，就像千年暗處一燈能破。開悟時就如把燈點亮，照遍無餘，不被任何所障，光如大圓鏡智。若是燈小，只能照及某處，其餘角落則暗，所以五蘊雖已變成了五智，但未能度盡眾生，若還有這種心理、心所，這就是有餘。這裡說的無餘是證入了法界本性。」**這裡說的無餘是證入了法界本性，就是「一切賢聖，皆以無為法，而有差別」所說的「無為法」。**

「一切賢聖，皆以無為法，而有差別。」何以說「而有差別」？在進入無餘涅槃時，一切的工作都做完了，這個輪迴的單位到此，進入了法界體性（無為法），此即名如來胎藏、大日如來、如來；如來再隨類入五道眾生（有差別），再出世。《肇論講記》說：**「顯教說證入法界的體性就成法身佛了，進入法身佛後，你是否還要出世？這裡的一期是指從無始劫至現在，在進入無餘涅槃時，一切的工作都做完了，這個輪迴的單位到此，進入了法界體性，此即名大日，胎藏大日。大日再隨類入五道眾生，再出世，或生出諸法，如植物、動物、礦物，一切所發生出來的，都是法界體性的內容。精神系統的就能發用精神作用。**物質的如

植物，則沒有精神系統，樹只有循環神經，它沒有精神作用故無痛癢。石頭更沒有，然它也是活著的，也有生死。這些都是宇宙的體性所發生出的一切現象。**法身週流五道，名眾生。**故此眾生就是法身如來的等流身，他們有輪迴否？輪迴與否是以個個單位而定的。我們從無始劫來到現在的這個單位以致消滅以後再由大日重新發出，我們若把這個單位套上別處出世，那個單位就是潛在意識，又叫做靈魂或五蘊，它能夠黏此黏彼，隨緣出世。**若依理來看，幻海的芸芸眾生，在這裡出世，在那裡出世；以佛的立場來看則無生死，無輪迴，當體如是。**例如手指受傷有了瘀血，這隻手指就是指的一個單位，我們敷藥後，瘀血就會溶化，並週流全身，當這滴血流到手指，是這滴血又輪迴到了手指嗎？不是的，而是週流五道，故此以理來看是無有輪迴的。但若以單位來看就好像有了輪迴，以單位看有了輪迴就是凡夫見。以大體的一、諸多的一來看無有輪迴，是即佛見。佛以大單位來看，大單位是無限個單位的一，所以佛的單位便無有方所，無有黑紅青白，無有方圓，無有特定的功能，無有形體，無有音聲，什麼都沒有，無有分別，而於無分別中分別諸法，這便是無分別的分別，這個無分別而分別的權力與功能，就是妙觀察智。此智不是凡夫生出的，而是如來本有的五智之一，五智是不是五個智？不是，五智是一智－法界體性智。法界體性智是一，但為什麼分成為五？不是分成五，而是分成了無限的多，故不只是五智。五智是一智，五智之各一智又各

有五智，各智的五智又各有無際的智，五智之各智含有無限的智，就像一粒芥子或砂，裡面微細的原子卻有無限。所以宇宙是多元的一，不是整個僵化的一，像是很多種子放在瓶中的一，不是一個僵化的一，把它打破後變一變二變三，不是，是無限多的一，「心數心王過剎塵」，無限多，這無限的多要在這一期成為空性，以無相無願入到願力後並完全做盡，無一點餘留，方到無餘涅槃。」

「大日再隨類入五道眾生」要如何出世？這就是無住涅槃。無住涅槃下回〈依法出生分第八〉再來研究。

依法出生分第八

「須菩提！於意云何？若人滿三千大千世界七寶以用布施，是人所得福德，寧為多不？」

須菩提言：「甚多，世尊！何以故？是福德即非福德性，是故如來說福德多。」

「若復有人，於此經中受持，乃至四句偈等，為他人說，其福勝彼。何以故？須菩提！一切諸佛，及諸佛阿耨多羅三藐三菩提法，皆從此經出。須菩提！所謂『佛、法』者，即『非佛、法』。」

「須菩提！於意云何？若人滿三千大千世界七寶以用布施，是人所得福德，寧為多不？」須菩提言：「甚多，世尊！何以故？是福德即非福德性，是故如來說福德多。」「滿三千大千世界七寶以用布施」者，福德甚多。「三千大千世界」，象徵心空，布施無代價才叫做覺悟了空。「心如虛空，福如虛空」，心完全不會執著，即須菩提說「是福德即非福德性，是故如來說福德多」的道理。《肇論講記》說：「心空，布施無代價才叫做空。自己做，叫人做；看人做起歡喜心，無妒忌，功德才會大，故『心如虛空，福如虛空』。」又說：「你會對社會國家依自己的本份

去做事，無代價的去做，這樣你就是佛，就是供養諸佛、諸菩薩，也就是布施諸眾生。而自己在本份事內絕對不能生起有或無的心，因為布施的物本來性空，布施之人性空，受的人亦性空，三輪都性空，此即是自己本份事，是自己應該要做的，所以不用計較。」這是「福德即非福德性」的「如來說福德多」實證境界。

「若復有人，於此經中受持，乃至四句偈等，為他人說，其福勝彼。」是人能「於此經中受持，乃至四句偈等，為他人說」，是指真能領會經義而得**「受持四句偈」，是自利；能「為他人說」，是利他。**此「四句偈」者，亦即真如理言、真理語言（真言）；不指定經中某處四句，任何一字乃至四句真理語言而能會之於心者，均可稱之。「會之於心」者，因四句偈（真言）從空門入了再出來，再去肯定現象也。入空門是要從理念入，再從理念出來，要在修持中印證理念。《肇論講記》說：**「真言的道理是第一的，最殊勝的！是要從無常中去悟真常的道理。你若認為有了功夫並會跳躍，問題就大了。或許能夠賺錢啦！若是以此教人了悟生死問題就嚴重了，這得注意！所以一定得從空門進入。真言宗從空門入了再出來，再去肯定現象。怎麼肯定？知道相是假的，原料是真的，我們就不會被相迷，我們透視了真如本性的原料，知道了六大的存在。」**《大日經疏》云：「一切有情常有我相種種煩惱，才若念真言（真如理言，亦

即四句偈），我相即除，此為希有，亦甚希奇也！」那怕只是少有修行的人，遇有很多煩惱妄想時，就趕快持四句偈、念咒、念佛或觀想，這樣煩惱就能平息了。「為他人說」，應其所需去說「四句偈」法，是為法施。「其福勝彼」者，法施超過前心空作財布施。《肇論講記》說：「成菩薩沒那麼簡單，菩薩須隨類應眾生，應其所需去說法，是不能執事和執類的。」又說：「菩薩住在眾生中，要說眾生能被度的教 ──（說「四句偈」）非常之教。」又說：「佛教是對各種程度的人勸他們修不同程度的法，菩薩慢慢地教化他們，使他們發心，先讓他們在修到證到空時（「於此經中受持，乃至四句偈等」），此又稱為自證。自證之後再勸他們去化他（「乃至四句偈等，為他人說」）。等福慧圓滿了，才能成佛。」《肇論講記》又說：「我們的觀念認為有生、有死，有今天、有明天，這些種種的觀念都要沒入到一真。你若分別在此世間裡，就無法透視到真理，一切就被塵勞所累，這樣我們便成為凡夫。**我們若能進入真理（才若念真言，我相即除）看了不生不滅的現象，就沒什麼涅槃可證，這便是不二法門。**無涅槃可證，亦無佛可成。你成佛了，故無眾生可度，無一眾生可度而去度眾生。不度生而度生，度生而不度生；不執著有度沒度，有沒有度完全不執，那只是應該要做的。像吃飯一樣，應該吃就吃，不吃不行；吃了就沒事了，

吃飽就好了。」「持四句偈、會之於心」，就像吃飯一樣：「應該」吃就吃，不吃不行；吃了就沒事了，吃飽就是「相應」了。

「何以故？須菩提！一切諸佛，及諸佛阿耨多羅三藐三菩提法，皆從此經出。」何以說「一切諸佛，皆從此經出」？如何是此經？《肇論講記》說：「般若是佛母。何以說般若是佛母？**是因為眾生覺悟之後才能成佛，要覺悟就要有般若智慧，故《金剛經》云：『一切諸佛，皆從此經出。』**有般若智慧才能見到真理，才會成佛，所以般若是佛母。佛從般若所生，那麼般若會生佛嗎？當然會。**般若為母親，當然還要有個父親，母親照顧家裡，父親應付外面，又名『方便』。因為般若能生佛，須有方便才能生，所以方便為究竟。若無方便的老爸便無法救度眾生，所以他是應付外面的。**般若是佛的內證，是成就佛法身的實智。」這般若是智慧，是絕對的、絕對待的智慧。這般若智慧大家自己都有（自得法），本來是自身具足的（本住法），故又名根本智。

「須菩提！所謂『佛、法』者，即『非佛、法』。」此「佛、法」及「非佛、法」之「法」，即是「法身」、「佛性」的意思，所以昭明太子就以「依法出生」作為此分的題品。而「所謂『佛、法』者，即『非佛、法』」，就是「大

日（佛）再隨類入五道眾生（非佛）」的意思。《肇論講記》說：「**因為空中能生出萬法，萬法不會斷滅，是永遠繼續的，不論何時都在生出萬法，而佛性就是萬法本來的起因。為佛性不論何時都在不斷的生出萬法，萬法消滅後又變成六大法界體性，法界體性能生出萬物的動力叫做理德，裡面發生精神功用的動力叫做智德，智德又名根本智。**」又說：「那麼智慧是從哪裡來的呢？智慧是自己有的，不是別人給的，不是向師父要的，也不是向佛祖拿的。**智慧本來是自身具足的，故又名根本智，這個根本智是在哪裡？以真言來說是六大中的識大。地水火風空是物質因，裡面有識，識大是精神因，精神因就是根本智。法界是因為地水火風空識遍滿，無量無際無邊故名法界。法界為什麼不叫空界？因為空中能生出萬法，萬法不會斷滅，是永遠繼續的，不論何時都在生出萬法，而佛性就是萬法本來的起因；因為佛性不論何時都在不斷的生出萬法，萬法消滅後又變成六大法界體性，法界體性能生出萬物的動力叫做理德，裡面發生精神功用的動力叫做智德，智德又名根本智。**還未生出大腦活動前的元素，那個德性就叫做根本智，所以法界是非常隨緣的，裡面的組織像彩布一樣，猶如五色線所交織的種種色彩，生出了花紋，花紋是吾人的頭腦去加以組織成的，我們用腦筋去織成的事物就是吾人創造的一種現象。所創造的現象即是利用這些元素來做交合的，此宇宙自然的交合，自然有個理智的德在交合，此理智的德交合的動力，就像我們製造事物

的心，在不可說不可說的自來之處，名為創造，又叫業力。因為業力故，我們便來鋪路，路鋪成就是鋪路人的業力。業力若是反過來就是本來的佛力，佛力業力都是法界力，若無這個力量，若無智德，若無根本智，什麼事情就都不能鑑定，無法辦成。生命是永遠活著，根本智也就永遠活著，根本智與人的身體在一起，甚至植物、動物、礦物一切的眾生都有根本智。這根本智大家通通有，但為什麼人以外的眾生不會成佛呢？是因為人的腦筋較好，可以思惟，可以用迴光反照的力量去洞察；而其他動物的腦部組織較差，無法迴光反照，他們依照他們所執的業力一直執下去，要成佛就為難了。所以，人才有辦法成佛。」

簡單來說，「依法出生」是指一切世間之事與物都是依「佛性」（又名法界體性、法身、法）而生出來。不論何時佛性都在不斷的生出萬法，萬法消滅後又變成六大法界體性，這就是「所謂『佛、法』者，即『非佛、法』」之妙趣。

一相無相分第九

「須菩提！於意云何？須陀洹能作是念：『我得須陀洹果』不？」

須菩提言：「不也，世尊！何以故？須陀洹名為入流，而無所入，不入色聲香味觸法，是名須陀洹。」

「須菩提！於意云何？斯陀含能作是念：『我得斯陀含果』不？」

須菩提言：「不也，世尊！何以故？斯陀含名一往來，而實無往來，是名斯陀含。」

「須菩提！於意云何？阿那含能作是念：『我得阿那含果』不？」

須菩提言：「不也，世尊！何以故？阿那含名為不來，而實無不來，是故名阿那含。」

「須菩提！於意云何？阿羅漢能作是念：『我得阿羅漢道』不？」

須菩提言：「不也，世尊！何以故？實無有法，名阿羅漢。世尊！若阿羅漢作是念：『我得阿羅漢道』，即為著我人眾生壽者。世尊！佛說我得無諍三昧，人中最為第一，是第一離欲阿羅漢。我不作是念：『我是離欲阿羅漢』。世尊！我若作是念：『我得阿羅漢道』，世尊則不說須菩提是樂阿蘭那行者！以須菩提實無所行，而名須菩提是樂阿蘭那行。」

聖人的心有深淺，涅槃的心也有深淺，故這裡說四種聖果：須陀洹、斯陀含、阿那含、阿羅漢。昭明太子以「一相無相」作為此分的題品，這是劃龍點睛，四種聖果的人即是看到「一相無相」、去找到「一相無相」的人。我人不是聖人，故收來之「色聲香味觸法」諸法皆是邪法，佛陀教我們從諸邪法中去透視其真如實相，真如實相就是萬物生成之原理，所以萬物本來只是「一相」。此萬物生成之原理，依肉眼看不見，故曰「無相」。悟光上師於《新編正法眼藏》說：「**我人不是聖人，故收來之諸法皆是邪法，佛陀教我們從此邪法中去透視其實相。**」又說：「事物之背面所隱藏之道理，是凡眼看不見的，故名『藏』，『眼藏』即是透視事物中所隱藏之道理。」又說：「**『實相』者現象之源頭，其源頭即空，空並非無一物之空，是萬物生成之原理，依肉眼看不見故曰『無相』，其無相即佛性，或云真如，或云法性，或云法界體性。**」這體性充滿時空，而不斷地活動的常住

性，永遠無止境地流轉無常，流轉中依『成住壞滅』而新陳代謝，顯現萬物之生滅，這種動力是沒有第二義之目的，而如環無端無常地創造與毀滅，這體性名涅槃性。」

「須菩提！於意云何？須陀洹能作是念：『我得須陀洹果』不？」須菩提言：「不也，世尊！何以故？須陀洹名為入流，而無所入，不入色聲香味觸法，是名須陀洹。」須陀洹是指入流的人，入流的人即是看到本源，去找到水源、法源的人。《肇論講記》說：「人不開悟是因沒有般若道力，沒有空慧去透視諸法實相，故此人不能成道，若能透視就叫做入流。」又說：「入流的人即是看到本源、去找到水源、法源的人。因為看到那些才能千變萬化，『乘千化而不變』。千變萬化的海浪，而水是一味。『履萬惑而常通』，什麼迷惑什麼事相，他都知道，這整體都是一嘛！萬物本來只是一相，萬物一焉，故又有什麼成毀？聖人的心是不會掛慮在彼此之中的，因為他看到了萬物本體的虛，物的不實，故不會去執著。他不是用假設這些是虛的，不是拆開才看到空，而當體就是虛的。」

「須陀洹名為入流，而無所入，不入色聲香味觸法，是名須陀洹。」這種「入流，而無所入」動態是很微妙的，並非凡夫所能瞭解。《肇論講記》說：「入流亡所，亡所不是忘記，而是無執取，無能所，沒有能知所知，這種動態是

很微妙的，並非凡夫所能瞭解，所以很微妙。微妙的是，看去有相，但不被黏著，就像照相機不去按鈕，雖然照卻不會印著在底片上，無取執，無執著，故名無相。因為有照無映無黏著，所以無相。」又說：「如鏡子能照，照之則有；不是如一塊未磨的銅鏡，照不到物。古時的鏡是用銅板磨成的，銅板會潮溼，現在的玻璃鏡子也會髒，古時的鏡子未磨就不能照，但能照時就不能說照不到，**因為有照到卻又不會映著，故非有。用的時候又能照，故不能說是無。**」又說：「聖心如鏡，照時不黏著，無黏著故，聖智才能存立，聖智才不會變成知。不黏著故叫智，映住（黏著）就變成識，又叫做知。因為不被映，聖智才能長存，才能靈知獨照。」聖智存在不能說有或無，因不會黏著，所以不可說為有。不可說為有應該怎麼說呢？《金剛經》云：「不入色聲香味觸法。」《肇論講記》說：「要用每一個物每一個法去審察，去突破難關（不入色聲香味觸法）才能入流，說起來簡單但實在不簡單，此即是『即事而真，當相即道』。」又說：「雖有而不有不無，有而空有現象，只要直接的肯定，是『即事而真，當相即道』的，能透視至此就是入流。」

「須菩提！於意云何？斯陀含能作是念：『我得斯陀含果』不？」須菩提言：「不也，世尊！何以故？斯陀含名一往來，而實無往來，是名斯陀含。」為什麼說「斯陀含名一往來，而實無往來」呢？入流之後的心，經過透視，

不會執著，一切的經驗都是「一往來，而實無往來」。《肇論講記》在開示「一往來」時，先進一步推演「入流」說：「入流之後的心，看到了東西，經過透視才不會執著。不是不要去照。杜絕視聽是不照。是禪，這就像只是鏡子有照到物。」那麼「一往來」如何比「入流」更進了一步呢？《肇論講記》說：「（入流）就像只是鏡子有照到物，但不用照相機照下來。我（一往來）雖照了下來，可是我知道這個照的也是空性的，這二者是不同的喔！**後者（一往來）更進了一步，前者（入流）只是杜絕視聽，後者是相機開著，任何時間都在「卡擦卡擦」的照著，裡面的底片是洗不掉的，一切的經驗都洗不掉，但是我只是清楚的去照。**沒有必要時絕不翻動，把底片放著不翻動，翻了就像將過去的煩惱再翻出來是沒有用的，**過去的停留在過去的時間上，法住法位，怎麼拉也拉不回來，但若有需要才翻出來，刻意的拿出來。**不是像小孩般拿出來玩的，若是，那就更麻煩了。若只是杜絕視聽，釋迦佛就不會拿出過去世的本事來說了，若釋迦佛的底片都毀掉了，那麼他幾百劫前的本事就不會再拿出來說了，若沒有底片了要怎麼拿出來說呢？釋迦佛開悟後能拿他過去那麼多的往事來說，可見他的底片仍在，底片仍存放著，底片即是法住法位故，法無去來故，永遠存在著，只是重新拿出來拷貝而已，若不用時就深藏著不用，要知道法住法位，再搬出來只是徒增煩惱而已。」

「斯陀含名一往來，而實無往來，是名斯陀含。」《肇論講記》又說：「心（斯陀含）就像照相機一樣，照下去，底片就洗不掉，那底片就是法住法位，執在照下去的那個時間，在那個時空所發生的事情無法洗掉；你若搬動它就發生，不搬動它就無有，搬出來看叫『緣慮』，照下去就叫『緣生』。」「是相機開著，任何時間都在『卡擦卡擦』的照著，裡面的底片是洗不掉的」，這就叫「緣生」，就是「一往」；「但若有需要才翻出來，刻意的拿出來」，這這就叫「緣慮」，就是「一來」。以「緣生緣慮」故，「斯陀含名一往來」。「過去的停留在過去的時間上，法住法位，怎麼拉也拉不回來」，故是「實無往來」。

「須菩提！於意云何？阿那含能作是念：『我得阿那含果』不？」須菩提言：「不也，世尊！何以故？阿那含名為不來，而實無不來，是故名阿那含。」為什麼說「阿那含名為不來，而實無不來」呢？不來就是不生滅，阿那含之心是沒有生滅的心。《肇論講記》又說：「你回頭去看它（底片）底片就又發生一次，再看又產生一次；昨天的影像已發生過一次，今天又搬出來看，再估計一次就再按一張底片，明天再搬出來看又加一張的底片，這樣就有了三張底片，如此不知一天搬動了幾次，一輩子搬動了幾次？重重疊疊的底片，無限的多，從無始劫一直累積到現在，繼往開

來，一直下去，這些無限多的底片搬出來看時已是已往的事情了，卻仍是見景傷情掉眼淚，憶起過去的事情，想起很悲哀，眼淚一直掉，**但你若不提起、不去想，自然就不會悲哀了。可是你卻不斷搬出來，不斷的哭，煩惱重重，所以不要搬，也不能搬。不搬（不來）就是不生滅，聖人（阿那含）之心是無心。**」又說：「無心就像面鏡子，沒有底片，也不去按鈕，無按故無照，要按下的心就是境與精神估計的交接點。能感覺的那個原理、那個因果、那種成分叫做識，即是識大。識大是本來有的，不是在虛空中的，是附在我們身上的，境附著在我們的心就是塵，我們把它估計出來叫做識。聖人（阿那含）沒識了，無緣故無心，無心故無生滅。」又說：「他（阿那含）什麼都不知道，不就跟草木石頭一樣了？不是這樣。**無心是指沒有生滅心，如上比喻照相機不按鈕一樣，他像鏡，裡面不黏著而已，沒有生滅的心。又非不應，並不是什麼都不知道，不是不應，是不黏著而去應付，於應付中無有黏著。**」

「阿那含名為不來，而實無不來，是故名阿那含。」阿那含聖人實質的心是不會以緣慮去應物的，他不會計較，不會起緣慮心的。《肇論講記》又說：「聖人（阿那含）的心像四時的代謝，此是自然的意思，並不是另外去創造，一切事都得依時間循序去做。**聖人的心像虛空，性空的、理智的，不執著、無執取的，差不多就像這個形體。又好像鏡裡**

無痕、清淨、空空的，不會被黏著，不能説執或無執。你若説無執，然照到物會應；你若説有執，照物卻不著。我們若有了般若做任何事就不會計較了，計較的話就是緣慮心。」原本過去的事情是不能移來移去的（不來），是法住法位的，幹嘛還要去想呢？所以阿那含心像虛空，自然不起緣慮心。《肇論講記》又説：「很多學佛的人常問師父：『師父啊！我脾氣很壞，動不動就生氣，請幫我改一下。』師父説：『你自己的事情為何要我改？你現在生一個氣讓我看看。』『可是現在沒有氣可生。』『是啊！本來無根，生氣亦是無根，你自己不對，為何不先想好就生氣？生氣，你就去照鏡子。』氣生不起來，因為氣是本來沒有的，你生氣時就去照鏡子，這是很好的辦法。我們看不到自己的相便不能知道自己的錯誤，你若知道自己瞭解自己，那你就是善人，至少死後可以升天，你若看到了本性甚至能成佛。若未看到本性但能看到自己的為人，至少能在天位了，死了雖未解脱，但至少能當個神；而我們卻不能認識自己，只能認識別人。因為自己不去照鏡子、看不到自己。我們在外與人應對或爭執時，都看不到自己的臉，只看到別人，本來可愛的臉生氣時就變得很難看，但我們卻不知道，所以叫做迷。你曾生氣嗎？過去生氣只停止在過去生氣時的時間上，所以不用怕！昨天生氣留在昨天的時間上，移不來的。昨天生氣的事不要再去想了，想了又會生氣。**昨天被人欺負是昨天的事，只能停在昨天的時間上。今天若想就又生氣，明天再想就再**

生氣，原本的生氣是不能移來移去的，是法住法位的，那你幹嘛還要去想呢？讓生氣一個一個的增多，這就是多餘的煩惱。」

「須菩提！於意云何？阿羅漢能作是念：『我得阿羅漢道』不？」須菩提言：「不也，世尊！何以故？實無有法，名阿羅漢。世尊！若阿羅漢作是念：『我得阿羅漢道』，即為著我人眾生壽者。世尊！佛說我得無諍三昧，人中最為第一，是第一離欲阿羅漢。我不作是念：『我是離欲阿羅漢』。世尊！我若作是念：『我得阿羅漢道』，世尊則不說須菩提是樂阿蘭那行者！以須菩提實無所行，而名須菩提是樂阿蘭那行。」何以説「實無有法，名阿羅漢」？真法無法故。《肇論講記》説：「愈高的法是愈沒有法，學到最後無法可學，無法的法才是最高的法。以外的法都是假法，不是真法，真法無法。」」何以説「阿羅漢作是念：『我得阿羅漢道』，即為著我人眾生壽者」？一念生萬法現，一念若不生就是包括了無我、無相、無願三種三昧。這「無我三昧」是人我執、法我執俱空，即是不著「我人眾生壽者」的了。《一真法句淺説》説：「一念生萬法現，一念若不生就是包括了空、無相、無願三種三昧，這種三昧是心空，不是無知覺，是視之不見、聽之不聞的靈覺境界，此乃一真法性當體之狀態，我執法執俱空即是入我我入，佛心即我心，我心即佛心，達到這境界即入禪定，禪是體，定是心不起，二而一，眾生成佛。」

「世尊！佛說我得無諍三昧，人中最為第一，是第一離欲阿羅漢。」阿羅漢是一念不生是無雜念發生，無惡念發生，是正念念念相續的，不是靜靜地在那裡什麼事也不做。正念是什麼樣子呢？一念不生包括三個三昧－三個正定，這三個正定就是空、無相、無願，也就是三解脫門；心空如虛空，無相無著，無願無代價，這三種正定叫做三種三昧，故《一真法句淺說》有「一念不生三三昧」之句。阿羅漢於「一念不生三三昧」中就沒有緣了，不用緣了；有緣就有作，有作就有緣，有緣就有見，有見就有知，有知就不是空。所以《金剛經》這裡說『無諍』，只要去看那無緣的『緣』字就是了。《肇論講記》說：「經云：『真般若者清淨如虛空，無知無見無作無緣。』以上幾句，我們只要去看那無緣的『緣』字；有緣就有作，有作就有緣，有緣就有見，有見就有知，有知就不是空，所以以上的『無』就是緣。諸法從因緣生，是由我們的能觀，能觀是般若的知，彼邊是所觀，所觀與能觀是一，但我們把能觀和所觀看成兩樣，就如真諦與佛性是一樣東西，我們能觀是另一樣東西。譬如說：我要去見性，我要去看那個性，要去看、去探求這個性是如何如何，這樣就變成有能觀與所觀了，我要見性成佛、我要去見性，性就變成被觀或是所觀了，我能去看的就變成能觀了，能觀與所觀就對立了，對立了就不是般若，因為能觀與所觀要『能所俱泯』、『主賓全無』，這時一念不生。」總的來說，一念不生，心空如虛空，無相無著，無願

無代價，這樣就沒有緣了，不用緣了，就是這樣「佛說我得無諍三昧，人中最為第一，是第一離欲阿羅漢」。

「我不作是念：『我是離欲阿羅漢』。世尊！我若作是念：『我得阿羅漢道』，世尊則不說須菩提是樂阿蘭那行者！以須菩提實無所行，而名須菩提是樂阿蘭那行。」我若要去見性，我要去看那個性，要去看、去探求這個性是如何如何，這樣就變成有能觀與所觀了，我要見性成佛、我要去見性，性就變成被觀或是所觀了，我能去看的就變成能觀了，能觀與所觀就對立了，對立了就不是般若。《肇論講記》：「所以你不能說：『知道了真諦。』因為真諦就是真如本性。『我知道了，這是真如本性。』你能知的那個所知，就不是般若了。般若是清淨的，聖人是去吻合那個意思，而不會另外創造；若有為的造作，或多加用心，這樣的般若就混濁不淨了。」所以執著與不執著要如何應用？這很難，修行不容易應用，能觀與所觀要『能所俱泯』、『主賓全無』，這時一念不生，才是「以須菩提實無所行，而名須菩提是樂阿蘭那行」之妙趣。這句「我不作是念：『我是離欲阿羅漢』」，《肇論講記》說得妙。《肇論講記》說：「『緣』就是再加下去，用這個作為因再去加一個東西，一直鈎進來，鈎進來就是緣，好像鈎東西一樣；例如：想到一個人，再想第二個人，又想到第三個人……一直鈎進來，一直變，變成一個團體。所以世間現象皆是組織

成的，一切的一切都是因緣生的，諸法因緣生。因緣生是有的嗎？『因』無自性，是中途發生的，其性本空，本來無有，現在變成有，有就叫做緣。聖人的心是無緣起的，因為無緣起才能說是無知，是無知而知，無照而照；並不是要再來反省、曲折、或命令自己再生出一個命令者去命令自己：『喂！你妄想出來了，要趕快坐禪念佛！』這樣一個人就變成兩個人了，再加個『境』就變成三個人，即境、我、及命令我的那個，變成三個人了，有三個否？只是一個而已，是自己一個變作好多個。怎麼一個能變作好多個？是緣。你生起一個因單，因為迷惑故，未透過諸法本性是空的；諸法性本空，組織法是不能永遠存在的，所以你不用去執著；生與滅時時都在生滅，只是有微細的生滅與大生滅的差別而已，不論何時都在生滅。**一切諸法是空殼子的、假設的、假造的、假立的，因緣假法。你若知道這些，就不用再反觀內照，或經過曲折、遣除、遣送、撥遣……之後才說是無知。是自然而不黏著的知叫無知，並不是像木頭一樣，也不是說你知了之後再反省、再遣送才成無知的，你只要知道性空就行了，就能瞭解了。**然而性空學卻遭到惡解，例如：煩惱起來，你跟他說煩惱性空，三毒貪瞋癡亦性空，貪瞋癡都去做沒關係；殺人是性空，殺人沒關係，跳樓是性空，三毒四倒也是性空……。**性空是對，但你起心動念都在緣，已緣出了法，故不可為無；有緣故不可為無，無緣故不可為有。本來因緣所生法，諸法皆相同，只要心無緣，故有不可為有；無**

緣故，無不可為無。所以有無可以齊觀，根本沒有事。但是你若只想要一直的工作，是沒什麼不好，但你的煩惱卻生起那麼多；煩惱是從哪裡來的？是因你不能性空故，因為你的本質變了樣而你不知道。故你怎麼能說是性空呢？所以不能這樣講。」

「**以須菩提實無所行，而名須菩提是樂阿蘭那行。**」須菩提這個「實無所行」就是性空，是能透視到的東西皆是空的，但空的東西卻是有的，「有」的東西會害人也會利人，所以要善加分別，這個就叫做妙觀察智。《肇論講記》說：「性空學是能透視到的東西皆是空的，但空的東西卻是有的，『有』的東西會害人也會利人，所以要善加分別，這個在真言宗裡就叫做妙觀察智。好的人要獎勵，壞的人要教訓、教化，這屬於法部。**能審判好壞，明明白白，黑就是黑，白就是白，黑白分明，這就是妙觀察智。故無知並不是什麼都不知道的像個白痴。聖人（阿羅漢）等於白痴嗎？白痴能當聖人（阿羅漢）嗎？聖人（阿羅漢）不離於仁就是指這一點。所以不能說性空學是沒有好與壞的看法，而是指聖人（阿羅漢）不執著，但對於諸法分明，能辨正，不執著而已。若不是這樣，怎麼能獨尊於般若？若天天都在煩惱，以至三毒四倒也說成是般若，也都是清淨，故不是這樣的，這樣會害到你，為什麼？因為這樣的話，你本身就是煩惱了。**

不是加一個煩惱來附在身中，而是你全身變成了煩惱自己還不知道，這即是自己不能自主，這就不是聖人（阿羅漢）了。」總的來說，若是我們以所知的心「去看到本性，去估計這個是般若：這是清淨、這本性是沒有的、是本來清淨的」，但我們以這個心去看，去估計，此心就是染污的，這即是凡夫心而不是般若了。

所以你不能說：『知道了真諦。』因為真諦就是真如本性。『我知道了，這是真如本性。』你能知的那個所知，就不是般若了。般若是清淨的，聖人是去吻合那個意思，而不會另外創造；若有為的造作，或多加用心，這樣的般若就混濁不淨了。所以執著與不執著要如何應用？這很難，修行不容易應用。」

莊嚴淨土分第十

佛告須菩提：「於意云何？如來昔在燃燈佛所，於法有所得不？」

「世尊！如來在燃燈佛所，於法實無所得。」

「須菩提！於意云何？菩薩莊嚴佛土不？」

「不也，世尊！何以故？莊嚴佛土者，則非莊嚴，是名莊嚴。」

「是故須菩提，諸菩薩摩訶薩應如是生清淨心，不應住色生心，不應住聲香味觸法生心，應無所住而生其心。」

「須菩提！譬如有人，身如須彌山王，於意云何？是身為大不？」

須菩提言：「甚大，世尊！何以故？佛說非身，是名大身。」

這一分是由「**如來在燃燈佛所，於法實無所得**」、「**莊嚴佛土者，則非莊嚴，是名莊嚴**」、「**諸菩薩摩訶薩……應無所住而生其心**」、和「**佛說非身，是名大身**」四個部分所組成。

「**如來在燃燈佛所**」體得了「**於法實無所得**」真精神之授受，這種超越「實有所得」的秘藏奧旨，是如何授？如何受得呢？**要體悟「於法實無所得（佛教精神的本質）」之真髓、秘奧與真精神，就非從其「莊嚴佛土者，則非莊嚴，是名莊嚴（秘密之莊嚴）」、「應無所住而生其心（矛盾的超越）」與「佛說非身，是名大身（心塔的開扉）」的內容去體驗不可。**至於其所體驗的內容為何？悟光上師於《密教思想與生活》說：「《大日經疏》云：『心自證心，心自覺心。』或『此自證之三菩提是出過一切之心地，乃至言語盡竟，心行處寂』。這即是密（佛）教精神當體的冷煖自知之境地。**可是此冷煖自知之境地，無論怎樣地幽玄深遠，若祇是個人自內證的體驗也是枉然。因為這僅是其個人主觀的體驗，而沒有向外擴展，改善客觀的一切、包容一切。所以要如實地體達密（佛）教真精神，非得要完成『自證為自證』、『以悟為悟』，將主觀伸於客觀，客觀來應主觀，主客一如，內外一體的真實相不可。」**又說：「弘法大師說：『要如實體悟，雖有能所二生，總是絕能所。』**雖然**

包容了能所，卻是超然而迴絕一切對立。在反省一切，批判一切的當中，照了一切，活現了一切。融剎那於永遠而無限的活現之『生』（大我生命）的真相，才是密教精神之核心或本質。」這裡所說「將主觀伸於客觀，客觀來應主觀，主客一如，內外一體的真實相」，就是「莊嚴佛土者，則非莊嚴，是名莊嚴（秘密之莊嚴）」；這裡所說「雖然包容了能所，卻是超然而迴絕一切對立。在反省一切，批判一切的當中，照了一切，活現了一切」，就是「應無所住而生其心（矛盾的超越）」；這裡所說「融剎那於永遠而無限的活現之『生』（大我生命）的真相」，就是「佛說非身，是名大身（心塔的開扉）」。如此即能體悟「如來在燃燈佛所，於法實無所得」之佛教精神的本質。

佛告須菩提：「於意云何？如來昔在燃燈佛所，於法有所得不？」「世尊！如來在燃燈佛所，於法實無所得。」是什麼令釋尊覺悟諸法而成為佛陀呢？並非是三十二大人相，八十種隨形好具足的色身使然，而是體證了貫天地的妙絕之法所致。這「貫天地的妙絕之法」，是活現一切萬物的「生」（大我生命）其物當體，就是人之本性，是貫三世而常住的，同時也是所有一切物生成的基礎，是絕不變異的。一切物生成的基礎既是絕不變異的，釋尊但以無分別智，證自絕不變異的無分別理，故說「於法實無所得」。

《密教思想與生活》説：「佛陀就是『覺者』，凡覺悟的人

都能稱為『覺者』。然從人類歷史看，在印度出生的釋尊就是最初覺悟的人，所以一般言『佛陀』就是指釋尊。**是什麼令釋尊覺悟諸法而成為佛陀呢？並非是三十二大人相，八十種隨形好具足的色身使然，而是把握並體證了貫天地的妙絕之法所致。**契經有云：『自覺此法成等正覺』或言：『不可以色身作佛觀，當以法觀之。』云云。**然就是這「法」令釋尊成等正覺，這「法」就是佛陀之本質，或云「聖體」，又稱為「法身」或「法界」。色身有變異的時候，法身或法界是絕不變異的。**契經云：『**如來出世或不出世，法界常住。**』這令釋尊成等正覺且照育一切、活現一切的「法」，**是貫三世而常住的，同時也是所有一切物生成的基礎。能體證而把握此法，才是真正的「活現」，真正的「覺」，亦才能成為佛陀。**由此點看，言法身，言法界，不外是指一切萬物的活現根源之『生』其物當體，也就是真正的『我』，佛陀之『聖體』。這佛陀聖體的「生」其物，是以一切萬物為自己之內容，而予以活現養育。可是「生」其物當體是超越一切的，具有「難言」或「言說不可得」的神秘性。恰如指月之指，喻為「生」其物的月之內容，雖有辦法思議言說，但是其指不自指其指。這活現一切萬物的「生」其物當體，雖然也是人之本性，可是均超越一切，神秘妙絕不可思議。」說：「正如大地一切萬物為太陽熱能所養育一樣，所有一切萬物也都受到佛陀聖體的「生」其物的靈光所照，依此而能『自生』、『自哺』、『自育』。密教將此『生』

當體的佛陀聖體稱為『大毘盧遮那』，即『大日如來』、『大遍照如來』，又曰『常住三世淨妙法身大毘盧遮那如來』。」

「須菩提！於意云何？菩薩莊嚴佛土不？」「不也，世尊！何以故？莊嚴佛土者，則非莊嚴，是名莊嚴。」將主觀伸於客觀，客觀來應主觀，主客一如，內外一體的真實相，就是「莊嚴淨土」。《肇論講記》說：「你應要知道此身即是真如本性所現出的妙有，是無限莊嚴的一種世界，此身是無限莊嚴的！你不要認為它有實性，它是本性所變化的無盡莊嚴世界，故不能滅也不可滅。若滅了世間就不用蓋樓房，不用穿衣，不用插花，不用理髮，洗臉，洗澡，抹粉……都不用了。**所以是應該要莊嚴的，要多加莊嚴的。但莊嚴是要莊嚴本性，不是去莊嚴外表的假相，不是要去莊嚴假的，是要莊嚴真的。莊嚴假的目的是要讓真的精神觀念更美麗，因為看見外表美麗就是你內心的美麗，看到醜的也正是你內心估計的醜。**看到諸法好是你的心好，看到諸法不好就是你的心不好。如此，世界更能活躍起來，那就不用滅了。」

何以說「**莊嚴佛土者，則非莊嚴，是名莊嚴**」呢？事事物物皆具有「生」其物的佛陀聖體，故不應存有「心外求佛」、「實有佛可見」之謬誤觀念，故說「莊嚴佛土者，則

非莊嚴」。而後能任持把握當處，才能顯現了感應道交之不可思議境界；以這感應之不可思議境的體驗修養為背景，而更進入「行」之世界中，以此行者之個體為基點，為社會民眾的一切服務，進而更為自己內容的一切萬物之充實與莊嚴去行動，故說「是名莊嚴」。《密教思想與生活》說：「事事物物皆具有『生』其物的佛陀聖體，但這並非理上的抽象東西，而是指常恆活潑地照育一切、活見一切的靈體，貫天地而互相感應道交的靈體佛格。由此，才可以理解密教所謂『加持之佛』。如弘法大師所說：『佛日之影現於眾生心水曰加，行者之心水能感佛日名持。』因『生』其物的佛陀聖體所放射的靈光，不斷地加被光照各個眾生，而眾生能任持把握當處，才能顯現了感應道交之不可思議境界。以這加持感應之不可思議境的體驗修養為背景，而更進入「行」之世界中。而後以此行者之個體為基點，廣為社會民眾的一切服務，進而更為自己內容的一切萬物之充實與莊嚴去行動。」又說：「行者求其往生佛國是種意識改造，須知佛國是自心所現的現實世界。佛法是應機度生之方便法門，不應存有『心外求佛』、『實有佛可見』之謬誤觀念。否則便成隔岸觀佛，形成對立，墮入生佛各別之妄執深淵，如斯，則悟道成遙遠無期了。宇宙萬物盡是法身佛全一的內容，心者佛之靈禮，行為即是佛之妙用。靈肉一如，色心不二，物我一體，悟此水冰一如，生佛不二之理趣；化魚為龍不易其鱗，

轉凡成聖不改其面，即為密（佛）教之指歸也。然人人皆因於個我，不知個我即大我之細胞，終日鑽營，以致沉迷苦海。**若能依密（佛）教之精神，衝破自私之藩籬，伸展於社會人群，在充實自己的同時，去莊嚴全一之內容，則我們當體即是佛了。」**

「**是故須菩提，諸菩薩摩訶薩應如是生清淨心，不應住色生心，不應住聲香味觸法生心，應無所住而生其心。」**要如實體悟，雖有能所二生，總是絕能所，這就是「如是生清淨心」。過去的事不要想，會煩惱；現在也不要想，會煩惱；未來則未到，想了亦會煩惱，這就是「不應住色生心，不應住聲香味觸法生心」。過去了想也沒用，想也想回不來。現在想也留不住，未來的還未到，故三心了不可得；所以你的心應無所住，直心的，不是你的心要故意的應無所住，這是二種喔！你不要去想過去，不要想現在，不要想未來，三世都不要去想，只要心無所住去處理事情，這是初步的「應無所住而生其心（矛盾的超越）」。接著是三心了不可得，三世也了不可得，你自己也無有，你的心是應無所住而生的，你只要知道就好，一切法了無自性，這是第二步的「應無所住而生其心（矛盾的超越）」。為什麼釋迦佛祖成佛之後，還拿過去世的事情來說呢？因為他過去的事情仍是法住法位，過去的事情像底片一樣存放著，但有必要的時候仍會拿出來為眾生說，佛所想所說的都是應無所住而

生的，都是無自性的，這才是真正佛所開示的「應無所住而生其心」。《肇論講記》說：「應無所住而生的心，不是叫你去做應無所住而生其心，**而是你本來應有的心，本來就是應無所住的心了**。你若認為：我做好應無所住，再而生其心來對待，那你就永遠不能證道。你要去體悟你不論何時，時時的心都是應無所住而生的。**為什麼？法住法位，法無去來。雖然是現在發生的，也只是此時而已，但一下子就過去了，哪裡有所住？現在所起的一念是新發起的，舊念終究回不來，新念也留不住，一直的過去，所以不論何時所變出來的心都是應無住而生的，這點你要瞭解！**過去的你若再去想就變成重覆製造，重覆製造就是見景傷情和流淚，為情境所迷，你就生起煩惱，但根本不是這樣，你們要知道！」《肇論講記》又說：「看過去曾有此人、有此物，但這是我所估計的。過去雖有，但不能把過去的拿來，要把過去的拿來此處是不可能的，單看過去是有的，看過去雖是有，但過去心不可得。現在心、未來心亦不可得。**過去的事不要想，會煩惱；現在也不要想，會煩惱；未來則未到，想了亦會煩惱。過去了想也沒用，想也想回不來。現在想也留不住，未來的還未到，故三心了不可得。所以你的心應無所住，直心的，不是你的心要故意的應無所住，這是二種喔！你不要去想過去，不要想現在，不要想未來，三世都不要去想，只要心無所住去處理事情，這還只是初步的。接著是三心了不可得，三世也了不可得，你自己也無有。你的心是應無所住**

而生的，你只要知道就好，一切法了無自性，為了捉不到的事情去煩惱有什麼用？不要為了不要緊的事情去自尋煩惱；過去的事情已經過去，想了也回不來。顯教說不要去想。若不要去想，為什麼釋迦佛祖成佛之後，還拿過去世的事情來說呢？因為他過去的事情仍是法住法位，過去的事情像底片一樣存放著，但有必要的時候仍會拿出來說。若過去心不可得、不可說了，為何釋迦佛還把往事拿出來說？釋迦佛豈不是成了凡夫？叫別人不要想，他自己卻去想？不是喔！想到也沒關係，因為拿不來，故不用怕！**佛所想所說的都是應無所住而生的，都是無自性的。**」又說：「你不明瞭故生起煩惱，而煩惱本無自性，貪瞋癡亦無自性，**你若知道一切法皆無自性就是清淨，貪瞋癡就都是清淨了。因為皆無自性所以清淨，這是你自心的事，甚互不乾淨、恐怖，也是你自己的事，本來並沒那些**。很多學佛的人，未學時無束縛，愈學到後來就愈束縛，把自己綁得透不過氣才又去解開，自己綁自己解，沒人綁你也沒人幫你解。但你若不自縛就不能找到真理，就會胡作非為了，所以要有個約束讓你受縛，束縛之後你認為無有自性，你不用再受縛了，因為你已不會再去做壞事了，**這時你因瞭解了道理所以就無縛了。是誰縛你？沒人縛你，無縛就是解，解就無煩惱，煩惱名縛。**所以我們認為有去來是錯誤的，物質的變化只是整個宇宙的本性，沒有從往至今，也沒有從今至昔，法住法位。」《肇論講記》又說：「『**身從無相中受生，猶如幻出諸形象，幻人心識本**

來無，罪福皆空無所住。」人從無相中受生，好像放出諸影像，像電影幻化，我們若知本來無，則罪福皆空無所住，這樣就成了佛。」罪福皆空無所住，這樣就成了佛，這是「應無所住而生其心」的根本心印啊！

「須菩提！譬如有人，身如須彌山王，於意云何？是身為大不？」須菩提言：「甚大，世尊！何以故？佛說非身，是名大身。」須彌山是梵語sumeru的譯音，其意譯為「妙高」、「妙光」、「安明」、「善積」諸義。佛教傳說中須彌世界為一最基本「單位世界」，以須彌山為中心。古德云：「須彌高且大，將喻法王身。」所以，「須彌山」是譬喻，即以「妙高、妙光、安明及善積」之功德相，來像徵宇宙、生命「中心（自性）」的秘密。密教則以「塔婆」暨「制底」之形來象徵功德聚的宇宙秘密，所以此塔又名「心塔」。所以「須彌山」與「心塔」，是異曲同工。以一切為自己之內容，活現於「全一」；因此，心眼所照之處，山光水色、大地一切，無一不是自己充實而又莊嚴的內容，故佛說「身如須彌山」。融剎那於永遠而無限的活現之『生』（大我生命）的真相，就是「佛說非身，是名大身（心塔的開扉）」。《密教思想與生活》說：「以塔婆來說，塔婆即是一切萬物的本質或根源，是象徵照育一切萬物、一切物之活現「生」命的全一靈體大日如來之標幟。這全一靈體大日如來，為何用塔婆來表徵之呢？塔婆梵語是stupa又名制底

(caitya)，意譯為『積聚』或『聚集』。大日如來乃是久遠劫前，不斷地創造再加創造，積聚而又聚集，以過去之輝煌功德行蹟為基本，更伸及未來，活現一切於過去，積聚盡未來劫之一切功德行蹟的當體故也。」又説：「『生』其物當體的真我，雖然以一切為自己之內容而活現著，均不是漫然地生存。而是依各個個體的立場作基本點，次第向外伸展，在廣為包圍的環境中全一地活現著。**所謂生命顯現的法則，是將此個體或肉體作為基點媒介，去接及其他的一切，活現一切。同時他的一切通過這個體或肉體，而脈動其內心底深處，才感悟我。**依此為基點或出發點的個體或肉體，其有關的感覺是極其敏鋭的，這乃是因比對他物的關係較為直接而切實的緣故。因此自然地會集中所有感覺去關心個體或肉體，而誤認此肉體是自己或自我。由此誤認，遂分別自他，主張個我。為要保護此『個我』、『肉體我』，就開始為衣食而忙碌，任意作為，妨礙他眾而不自省，只知恣縱我慾，沉溺於煩惱而不自覺。但是從『生』當體實相來檢討時，如同個我的肉體是由無數之細胞所組織的一樣。宇宙之一切為自己之內容而躍動之靈體大生命，也是由無盡無數的個體所組織的。**在這樣不可須臾分離的有機關係下，『一如』且『全一』地活現著，這才是真正之我的姿態。**從誤認個體或肉體為『自己』的迷妄上看，這『個體』或『肉體』是誤認的基本根源，是由於對『生』當體物產生謬見的緣故。這『生』原是『全一』的，不可解剖或分析的。這全一的東西

為活現而自我充實，發生細胞分裂，成為個體。個體無論如何的無盡無數，都是為了活現其全一使然。為澄清對『生』當體其物的謬見，這點是不可忽略的。就舉肉體的生起為例，彼寄存母胎之受精卵子，為了完全活現而不斷自我充實，細胞次第分裂、統一，形成肢體。成形後細胞又加以組織、分裂，新陳代謝，充實其內容，這時才有肉體的生成、發育，而現出其全一姿態。**如此，這宇宙大生命的真我，為了自己的完全活現，即一如地活現所有的一切，來充實自己的內容，這就是天地萬有、森羅萬象的當體。其內容中的一事一物，都存在有真我的溫血流動著，無一物不具真我生命的脈動。這一切都是大我生命的實相，是絕對者，亦是法身佛之功德相。**為要表現這功德相的『神秘』，密教即以『塔婆』暨『制底』之形來象徵。」又說「如上所言，這塔婆或制底之語，都有積聚或聚集之含義，所以用之表示『生』其物都是活現過去的一切、積聚功德行業於未來，永劫而聚集之。善無畏三藏將『制底』翻為福聚，意為『諸佛之一切功德在其中』。從此義可知，諸佛之功德，即是積聚或聚集所有一切物的『生』當體其物之內容也。**以塔婆或制底之形，來象徵功德聚的宇宙秘密，是靈之內在體驗的事實，是『生』當體之表現，所以此塔又名『心塔』。**善無畏三藏說：『梵音之「制底」與「質多」是體同也，其中之秘密是名「心」，為佛塔。』即基於此而言。」

須菩提言：「甚大，世尊！何以故？佛說非身，是名大身。」為要開啟這宇宙秘密的心塔之扉，非先打破迷執「個我」為獨存性之物的妄見不可，所以「佛說非身」。因為開了心戶而召入如金剛般永遠不滅之靈的生命力，所以叫「徧入」。這心塔開扉之實相「是名大身」。一旦自覺，將他人、自己成為真正自己的內容，活現於全一的體驗境界，即是「佛說非身，是名大身」。《密教思想與生活》說：「**為要開啟這宇宙秘密的心塔之扉，非先打破迷執「個我」為獨存性之物的妄見不可。**打破妄執在《金剛頂略出經》中曰『開心』，或云『開心戶』。打破這層妄執，開放心戶，而貫通一切，無限絕對之靈的生命力才能流入。如同於密閉之房中開了窗戶，天地自然美景才能透入一樣，這叫『入智』或名『金剛徧入』。因為開了心戶而召入如金剛般永遠不滅之全一『生』其物的大靈力，所以叫『徧入』。」又說：「《金剛頂經義決》有云：『有大德開南天鐵塔，相承此秘密法門。』這決非歷史上的事實，不過是將心塔開扉之實相，寓於種種喻說以象徵而已。為模擬此南天鐵塔，弘法大師於高野山建立大塔，這就是心塔開扉的象徵。又為了指示此意，而傳給真然大德『鐵塔大事』或『大塔大事』。歷代師資次第相承至今，基於此相傳旨趣，於高野山舉行學修灌頂。」又說：「**此學修灌頂的法儀，不單是種法儀形式，由此還能開放真正心塔之扉。免因於渺渺的小我見中，而以天地間所有一切為自己之內容，全一地活現。能如此，**

當下即是「生」於完全、永遠無限。依此心塔開扉而開了
『新心眼』、『新視野』、『新聞境』、『新感度』、『新
思想』，以之更生了這個世界，所謂『開無上之金剛眼』及
『生於佛家』是也。因為在溺於個我為本之迷妄下，彼此互
相殘害，現出修羅相，如此非生於惡趣世界不可。但是，一
旦自覺，將他人、自己成為真正自己的內容，活現於全一的
體驗境界，即是展開佛的世界，更生於佛之家庭者也。」

總的來說，要活現「如來在燃燈佛所，於法實無所得」、
「莊嚴佛土者，則非莊嚴，是名莊嚴」、「諸菩薩摩訶
薩……應無所住而生其心」、和「佛說非身，是名大身」精
神的人，應將舊有的「看法」、「感度」、「思想」重新反
省，體認真我是什麼？然後以一切為自己之內容，活現於
「全一」。因此，心眼所照之處，山光水色、大地一切，無
一不是自己充實而又莊嚴的內容。所謂「山河大地法王身，
溪聲鳥語廣長舌」，即此也。一色一番，都是由各個的立
場，去發揮活現所負之使命；無論何物，都是構成永遠不滅
的窣覩婆世界中的分子，同時也是聖的佛體之功德聚。

無為福勝分第十一

「須菩提！如恒河中所有沙數，如是沙等恒河，於意云何？是諸恒河沙寧為多不？」

須菩提言：「甚多，世尊！但諸恒河尚多無數，何況其沙！」

「須菩提！我今實言告汝：若有善男子、善女人，以七寶滿爾所恒河沙數三千大千世界，以用布施，得福多不？」

須菩提言：「甚多，世尊！」

佛告須菩提：「若善男子、善女人，於此經中，乃至受持四句偈等，為他人說，而此福德勝前福德。」

昭明太子以「無為福勝」作為此分的題品。甚麼是「無為福勝」的秘密呢？悟光上師在《肇論講記》一語道破了！《肇論講記》說：「菩薩證入無為，瞭解空，但他不捨萬行的工作，入了空門而不捨有，做『有』的工作。……菩薩的精神就在靜處，他看著本性，他外表在做事，但做事的時候其心

不亂，心放在靜處，故不會迷。所以云：『處靜而常動，處動而常靜。』」又說：「在理的方面是動中取靜，並在靜中活動，以動靜不二去製造你的福德資糧，福德資糧就是改造精神的工具、手段與本錢，故叫做福德資糧，並且要去做，否則只是空談。」所以，菩薩的心無造作，無為卻無所不為。《肇論講記》說：「你既然要悟道，就要悟到無為，證道就是要證無為，得道也是要得無為。一切的有為法如夢幻泡影，皆是有所得，那會阻礙你的行道。進入無所得的精神之後，就變成無我，達到無我的時候，我們的潛力一般若力就會發揮到無限的大。一般人的潛力發揮不到百分之二十，而他能發揮潛力的時機是因為什麼？是因為在急中珍惜他的寶貝故，他才能發揮出來。反過來，無所得的人所發的潛力就相反了。譬如一個人平時是搬不動電冰箱的，但火災來臨，他認為冰箱是寶貝，他一個人就能把冰箱搬出來，因為他的自私，有所得才發出了隱力，有所得所發出來的隱力都能這麼大了，那麼進入無所得再發出的隱力就更是無限了，要是認識了這個道理，學道才能更有進步。」人們若果聽了這「無為」道理而覺悟，即不起於座立地成佛了。

「須菩提！如恒河中所有沙數，如是沙等恒河，於意云何？是諸恒河沙寧為多不？」須菩提言：「甚多，世尊！但諸恒河尚多無數，何況其沙！」「須菩提！我今

實言告汝：若有善男子、善女人，以七寶滿爾所恒河沙數三千大千世界，以用布施，得福多不？」須菩提言：「甚多，世尊！」這裡説「以七寶滿爾所恒河沙數三千大千世界，以用布施」是何用意呢？恒河中所有沙數，如是沙等恒河沙數三千大千世界，不只是三千大千世界，而是以整個的大宇宙來看。這「七寶滿爾所恒河沙數三千大千世界，以用布施」就是無量無邊的布施，因為永遠存在、無時無刻在布施，故無我。《肇論講記》説：「我們不要有代價，要能三輪體空去做事，這才是真正大乘佛教與學佛的旨義。」又説：「無代價的去做，這樣你就是佛，就是供養諸佛、諸菩薩，也就是布施諸眾生。而自己在本份事內絕對不能生起有或無的心，因為布施的物本來性空，布施之人性空，受的人亦性空，三輪都性空，此即是自己本份事，是自己應該要做的，所以不用計較。」又説：「肚量的寬大要像虛空，若我們心如虛空，福就如虛空。……虛空出萬寶，我們的心與宇宙一樣空了還怕沒有寶貝？」所以，須菩提説：「（得福）甚多，世尊！」一定有，故自己先要肯定起來。

佛告須菩提：「若善男子、善女人，於此經中，乃至受持四句偈等，為他人説，而此福德勝前福德。」此〈無為福勝分〉有著更深層次的秘密：如恒河中所有沙數，如是沙等恒河，以七寶滿爾所恒河沙數三千大千世界，以用布施，不如受持四句偈之比較。恒河沙等恒河，以七寶滿爾

所恒河沙數三千大千世界布施，非「無為」不能，故得福甚多，然尚不如受持四句偈為他人說得福多者。所謂「四句偈」，亦即真如理言、真理語言（真言）。經文多次強調「四句偈」，是要讓人歡喜「受持讀誦，為他人說」四句偈。因受持誦說，能成佛也。《大日經疏》云：「一切有情常有我相種種煩惱，才若念真言（真如理言，亦即四句偈），我相即除，此為希有，亦甚希奇也！」住持四句偈（真理語言），可以被稱為第一希有之法。

四句偈是文字般若，因為有了這種文字般若，好比過去的佛在說法。我們現代人怎麼能聽到佛說呢？《肇論講記》說：「沒辦法，過去的聖人只好將以前佛所說的法組織起來，寫成文字，再用文字來布教給後人聽，經典變成為一種影子，讓人知道其意密，『以指見月』。但指不是月，指只是告訴月在那裡，月是這樣的，利用指去看到空中的月，若認為手指就是月就錯了。所以文字般若就是利用文字語言去看到實相，如此才能顯出本體宗旨，這就是文字般若。」

尊重正教分第十二

「復次，須菩提！隨說是經，乃至四句偈等，當知此
處，一切世間、天、人、阿修羅，皆應供養，如佛塔
廟。何況有人，盡能受持讀誦？須菩提！當知是人，成
就最上第一希有之法。若是經典所在之處，則為有佛，
若尊重弟子。」

「復次，須菩提！隨說是經，乃至四句偈等，當知此
處，一切世間、天、人、阿修羅，皆應供養，如佛塔
廟」。昭明太子以「尊重正教」作為此分的題品，因為
「如佛塔廟」裡面的「佛塔廟」就只是一個比喻，象徵「正
教」。僧肇於《金剛般若波羅蜜經注》云：「封殯法身，謂
之為塔；樹像靈堂，稱之為廟。聖體神儀，全在四句，獻供
致敬，宜盡厥心矣。」正好道出，**「塔廟」象徵「法身」、
「聖體」；這「法身」、「聖體」，就是「四句偈」所揭
示的宇宙大原理，是名「正教」**。悟光上師在《新編正法眼
藏》說：「**『正法（正）』者，宇宙真正之常規也；宇宙、
世界、時空等，都是相同的意義，宇者界，空間也，宙者
世，時間也。**……宇宙之大是無邊際而歷萬劫常存，沒有毀
滅之日，其中所蘊藏之理德是最陳而最新的。**其理德之中有
智德，理德即物理因，智德即精神因，理智冥合謂之總持，**

其總持之中有無量無邊之理智種性，此理智種性為普門。總是一，普為多，故一中有多，以多為一，並非凝然之一。依理體的性質而言分為六大，所謂地水火風空識，此六類不同性質之理體融為一體曰法界體性，此法界體性之中還有無量無邊之不同質能，有無量無邊之智德的心所德性，雖相涉無礙，但各自德性獨立。比喻說：有一百種藥草，用水煎湯一碗，其味似一，但其各各藥性獨立，治病時飲下，治心之藥發揮治心功能，治肝即發揮治肝功能，各各發揮其特性不會混亂。法界體性中之普門德性亦復如是，一般認為真如本性是個凝然之一，無色無聲香味觸諸法，這是指真如本性在無常中的四相之一相，空之時的狀態而言的，真如不守自性，空之後又成而住而壞，又到空輪轉而無間斷。這空即為本位而已。真如本性或云法界體性或佛性並不是空白，其中具有無量無邊之不同德性，才會顯現不同之色聲香味形態，若果是空白，那麼無豈會生有，若果無會生有亦是清一色、一聲、一香、一味，豈能顯現不同姿態，其中必有種性存在，這就是普門之一一德也。」又說：「宇宙大靈體之法界體性、真如本性，成住異滅四相為其作業，這作業亦名羯磨，即是活動，活動故無常，這無常之力即法界體性之羯磨能力，由其能力推動本性中之種子性，隨種性各自之需要，吸取週圍之質素，成為自己之本誓而顯現，所吸取之質素為助緣，依自己之種性所需之質素比其他為多，其他六大俱

齊備，結果全體雖具六大，但本誓之內德不同，故事事物物均依其本誓種性不同而呈現不同形體及色聲香味等。萬物皆具此大法三羯四種組織，（一）具足六大，（二）具足五形色味，（三）具足本誓標幟，（四）具足功能。換句話說：**立地平等，處境不平等，即是真平等，如人權平等，崗位不平等。若果不如是即天下大亂，這就是正法，宇宙之真理也。」**又說：「**平等與差別即是正法者，**又如人類身體之外相，每個人都有相同之眼耳鼻舌五臟六腑、四肢大小便門，一律平等，但面相是不同的，平等中有差別，否則怎能分別認識，每人都相同的話，可能會你父誤認為我父，我妻誤認為你妻，豈不天下大亂？這都是宇宙之正法。」又說：「支持平等與差別的主宰即是普門中之各自基因德性，雖因絕對力的無常作用而新陳代謝，卻能保持其三昧耶（標幟）形。**無常力即無明，是諸萬物之四相推動力，有此力故萬物才能生存與毀滅，有推陳換新故才有創造，有創造故才有時間壽算，這是依現象覺知的；依宇宙大靈法界體性上看來，是種轉法輪，其理體整個是常住的，從現象上來看有生有死，由理體來看是虛出沒，若沒有無常之絕對力這世間是死寂的，豈會有萬物之出現呢？無常應該是我們的恩人。**若沒有無常，孩子就不會長大，沒有學問的人就不能成為學者，老人亦不會死亡，那麼宇宙間，孩子永遠是孩子，老人永遠是老人，愚人永遠是愚人，賢人永遠是賢人，是不是宇宙當體死寂？一般人都怕無常，以無常為鬼，這絕對不是正法。」又

說：「我們能透視世間一切事物之實相的同時要體行之，才有社會、國家、人群的互助緣起生活，社會國家人群是宇宙生活。**宇宙生命是透過萬物之生機而組成的共同體。社會國家之團體調和是透過人群個個之生命的互相緣起而成的。所以每個人都有繼起宇宙生命之責任！**」

「**聖體神儀，全在四句，獻供致敬，宜盡厥心**」就是要我們了悟「四句偈」所揭示的宇宙大原理。「厥」通「其」，為擬測之詞，故「宜盡厥心」，即瞭解自己的心，大如宇宙；我心的狀態，就是道了。**悟光上師**在《肇論講記》說：「**塔，就是心。好比心的塔扉，心若不開，裡面的佛性就看不到。**」又說：「佛的遠近都是心，所以外面的現象與心裡的現象恰好平衡，外面的道與裡面的道是相同的道。覺就是道，我要覺道就是要瞭解自己的心。**我心的狀態就是道，就是宇宙的大原理。為什麼我的心是宇宙大原理呢？因為整個的大宇宙中，我是其中的一份子。宇宙像一塊鐵，我是鐵中的原子，很多原子在一起才成了這塊鐵，我是裡面的一份子，故脈脈相通，所以我的心大如宇宙，不知有多大，不可圖度，不能畫，也不能用尺量，更不能想像，不知有多高，是無止境的。**」

「宜盡厥心」即瞭解自己的心大如宇宙。我的心，是不生不滅的宇宙心；此不生不滅的宇宙心名一心，即是一切萬物的

本質或根源。「**如佛塔廟**」的意義就在這裡。《肇論講記》說：「**你認為你的心是自己的這是不對的，這個心是宇宙心，是宇宙的動力，是大日如來的智德與理德，這個動力才是心，我們都是從那裡生出來的。**就像電視的電與天線都是從電廠與電台處牽出來的，我們也是一樣，所以我們才能活動，這就是道呀！我們無論在什麼地方都不能脫離道。這便是即事而真，觸事而真。**我們要發揮處處皆真，一切事物都是真如本性，皆是大日如來的變化，當體皆是大日如來的變化身。雖然事物是假立的，本性卻是真的，我們若能看到了這一點，並永遠的住在這一點，是非雙遣，能所雙亡，才能出去工作，這樣才是入聖之處。**」

「**何況有人，盡能受持讀誦？**」《金剛般若波羅蜜經注》云：「四句已爾，況乎始終。」我們若能「隨說是經，乃至四句偈等」，於「持四句偈、會之於心」一念堅持的狀態下，與貫天地之「如佛塔廟」大生命力相接觸，於其間感應道交，把握一大「般若無邊」神秘之力，能發揚種種之靈驗的結果，普施眾生，即如經中所云「當知此處，一切世間、天、人、阿修羅，皆應供養」。「四句已爾，況乎始終（**盡能受持讀誦**）」者，說明「持四句偈、會之於心」而開了「**新心眼**」、「**新視野**」、「**新聞境**」、「**新感度**」、「**新思想**」，自然「**盡能受持讀誦**」了這本經。所謂「開無上之金剛眼」及「生於佛家」是也。故《密教思想與生活》

說：「一旦自覺，將他人、自己成為真正自己的內容，活見於全一的體驗境界，即是展開佛的世界，更生於佛之家庭者也。」《密教思想與生活》說：「**一個具有充實體證內容（佛智甚深），而燃燒密教精神（真言至妙）者，何時何處都盈溢着教化機會。其具現上，無處不是大光明遍照之地，無一非全一的大日如來法身，到處都是真佛君臨之所。**」

「**當知是人，成就最上第一希有之法。**」《金剛般若波羅蜜經注》云：「**法妙人勝，理故宜然。**」瞭解自己的心大如宇宙，開了「新心眼」、「新視野」、「新聞境」、「新感度」、「新思想」，而「盡能受持讀誦」這本經，當知是人成就最上第一希有之法。這到底是什麼境界？《密教思想與生活》說：「**於內是覺知自心之源底；於外是以所有一切物為自己內容身量，漸次進展，開發大人格證悟把握之。**因此，在信心上自然也分為內信與外信。其內信，即徹底確信『我即法界也、佛也』；外信，即信『所有一切物是大生命體之法身佛之表現。所見悉皆佛之妙姿；所聞悉是佛之說法；宿存於所有一切物中的精神即佛當體之心』。**因此『自己即佛，即法界』的自信及鞏固，覺醒了真正之自己，知道自己是佛。即非做佛的工作，成為『佛心』的所有者不可。如此才能提昇自己的人格，由信外界的一切悉皆佛之表現，故不能輕視。以視如佛般的信念，尊重或禮拜、供養；依信**

仰自他即佛的原則下，一視同仁，佛佛相涉，以之活現於家庭、社會、國家。」

「若是經典所在之處，則為有佛，若尊重弟子。」《金剛般若波羅蜜經注》云：「人能弘法，則人有法；以法成人，則法有人。人法所處，理令弘矣。初章訖之也。」「人能弘法，則人有法；以法成人，則法有人」，是以萬物諸法來修證自己的（以法成人），開悟體證之後順隨世緣，有時機緣成熟，遇可度者度之，應為其説法者説之（人能弘法），這就是「經典所在之處，則為有佛」的意思。「若是經典所在之處，則為有佛，若尊重弟子」，説明了對於「盡能受持讀誦」是經「最上第一希有之法」的人，要「當如敬佛」，這是「人法所處，理令弘矣」的真諦。悟光上師在《新編正法眼藏》説：「學道是積功夫累道行，如車之兩輪，如人之兩足，然後才能自由自在，而身心脱落無罣礙，體證後並非脱離社會，是如藤纏樹相倚為命，相互相成，因為社會是自他為一故才能生存下去，而且修道是以萬物諸法來修證自己的，開悟體證之後順隨世緣，有時機緣成熟，遇可度者度之，應為其説法者説之，有時應捨身者捨之，以萬物為我而作遊戲三昧。如果自威音王以前就證悟了，亦是沒有止境地行道下去，自無始劫至未來劫都是不間斷地學道修行才是佛行，佛佛祖祖皆是如此，並非證了就不必修了，道是無始無終地運行養育萬物，學道是學其道，道無止境故

學無止境。《理趣經》云：『所謂發菩提心，則為於諸如來廣大供養，救濟一切眾生，則為於諸如來廣大供養，受持妙典，則為於諸如來廣大供養，於般若波羅密多受持讀誦自書教他書，思惟修習種種供養，則為於諸如來廣大供養。』上述供養乃是日常活動，不為自私自利而活動即是行道，即是如來理體也，即是道也，自他都是理體是道之現成，故活動即供養也。**教化眾生即是道，為眾生服務即是道，這就是學道修道行道盡十方世界即我之大身，即是真實人體也。真實人體是天下間事事物物當相一塵不毀的體驗，並非量界空間的廣狹，盡十方界是沒有空間界限的，是人之體驗的動態，是人生之當相萬物之現成。**如八萬四千之說法都是蘊聚，佛教說：人有八萬四千煩惱，為了對治而佛說八萬四千法門，一一法門都是為一一不同煩惱的人說的，能說都是人，即是人體，亦即盡十方界。又有八萬四千之三昧破八萬四千之煩惱蘊，三昧是沒入的體驗，其境地之心動態就是三昧，亦是道之具現，即盡十方界是八萬四千之說法，亦是道之現成。又有八萬四千陀羅尼，陀羅尼是念誦之時直即會成佛之神秘咒語，亦名明，亦名言，所謂真言是真實之語言的具現，語言從心出，心是佛性之現成，佛性即道即菩提，這語言是法，亦是人體，亦是十方，說八萬四千就是轉法輪。普通說轉法輪乃是轉佛法，這亦都是佛道之現成。**法輪之轉處是互界互時的，是遍十方界而無始無終，永劫沒有間斷的，這即是體驗，這體驗有處所，這處所就是真實人體，是由學道而**

得來之吾人的身體，亦即學道得來的道體，由這身體轉法輪之處，即盡十方界，不外是永遠之未來的今之體驗，這世界不是地球，是人之體驗的時空動態，這世界是人創造的，而盡十方界的真實人體即是現在之汝，今之我，換句話説就是於今如實體驗之活動的我，於今體驗動態之汝了。總之體驗的自他就是盡十方真實人體，遵循這樣的方法去學道才是真實學道，是永劫無窮盡的互時之學道，無論三大阿僧祇劫、無量阿僧祇劫，捨身受身都是繼續不斷。阿即是「阿字本不生」的空性，或云無盡，僧祇是數，劫是長遠的時間，**即無量無數的時間，雖經無量無數次之死而再生都是繼續地學道、行道。捨身是忘卻自我，忘卻自己去學道，由此才能有自己的現成，這叫做道環，週而復始的意思。**｜

如法受持分第十三

爾時，須菩提白佛言：「世尊！當何名此經？我等云何奉持？」

佛告須菩提：「是經名為《金剛般若波羅蜜》，以是名字，汝當奉持。所以者何？須菩提！佛說般若波羅蜜，則非般若波羅蜜。」

「須菩提！於意云何？如來有所說法不？」

須菩提白佛言：「世尊！如來無所說。」

「須菩提！於意云何？三千大千世界所有微塵是為多不？」

須菩提言：「甚多，世尊！」

「須菩提！諸微塵，如來說非微塵，是名微塵。如來說世界，非世界，是名世界。」

「須菩提！於意云何？可以三十二相見如來不？」

「不也，世尊！何以故？如來說：三十二相，即是非相，是名三十二相。」

「須菩提！若有善男子、善女人，以恒河沙等身命布施；若復有人，於此經中，乃至受持四句偈等，為他人說，其福甚多！」

爾時，須菩提白佛言：「世尊！當何名此經？我等云何奉持？」此是標宗立題，好教大家都能如法受持。《肇論講記》說：「般若是一，是無參差的。不過若以方便來論的，因為各人有各人的角度，各人有各人的說法和見解，故異端之論紛然，不知該執取哪一項？」因此，僧肇法師於《金剛般若波羅蜜經注》云：「夫脩散難究，本一易尋，會宗領旨，宜正其名也。」

佛告須菩提：「是經名為《金剛般若波羅蜜》，以是名字，汝當奉持。」此經名《金剛般若波羅蜜經》，弘持之旨，宜存於此。《金剛般若波羅蜜經注》云：「契經舉目，詮合義從，名正理顯，宜應脩弘。」又云：「所以此名字而奉持者何？夫名不虛設，必當其實。金剛所擬，物莫不碎；此慧所照，法無不空。」名正理顯；名不虛設，必當其實。先解說般若之「智德」義，再說金剛之「極堅、極利」二義。**般若是智慧，是絕對的、絕對待的智慧。這般若智慧**

大家的六大真我中自有的（自得法），本來是自身具足的（本住法），故又名根本智。正如悟光上師在《肇論講記》所說：「那麼智慧是從哪裡來的呢？智慧是自己有的，不是別人給的，不是向師父要的，也不是向佛祖拿的。智慧本來是自身具足的，故又名根本智，這個根本智是在哪裡？**以真言來說是六大中的識大。地水火風空是物質因，裡面有識，識大是精神因，精神因就是根本智。法界是因為地水火風空識遍滿，無量無際無邊故名法界。法界為什麼不叫空界？因為空中能生出萬法，萬法不會斷滅，是永遠繼續的，不論何時都在生出萬法，而佛性就是萬法本來的起因；因為佛性不論何時都在不斷的生出萬法，萬法消滅後又變成六大法界體性，法界體性能生出萬物的動力叫做理德，裡面發生精神功用的動力叫做智德，智德又名根本智。**還未生出大腦活動前的元素，那個德性就叫做根本智，所以法界是非常隨緣的，裡面的組織像彩布一樣，猶如五色線所交織的種種色彩，生出了花紋，花紋是吾人的頭腦去加以組織成的，我們用腦筋去織成的事物就是吾人創造的一種現象。所創造的現象即是利用這些元素來做交合的，此宇宙自然的交合，自然有個理智的德在交合，此理智的德交合的動力，就像我們製造事物的心，在不可說不可說的自來之處，名為創造，又叫業力。因為業力故，我們便來鋪路，路鋪成就是鋪路人的業力。業力若是反過來就是本來的佛力，佛力業力都是法界力，若無這個力量，若無智德，若無根本智，什麼事情就都不能鑑

定，無法辦成。**生命是永遠活著，根本智也就永遠活著，根本智與人的身體在一起，甚至植物、動物、礦物一切的眾生都有根本智。這根本智大家通通有，但為什麼人以外的眾生不會成佛呢？是因為人的腦筋較好，可以思惟，可以用迴光反照的力量去洞察**；而其他動物的腦部組織較差，無法迴光反照，他們依照他們所執的業力一直執下去，要成佛就為難了。**所以，人才有辦法成佛。**」簡單來說，人會成佛是因為：第一、人可以思惟；第二、人可以用與自身體在一起的根本智（般若）的迴光反照力量去洞察，一切事情皆即事而真，當相即道。

此經雖名《金剛般若波羅蜜經》，但是一般人都只稱它為《金剛經》。**金剛者，乃帝釋之寶杵，具極堅、極利二義。實相堅固，萬劫不壞，是名實相般若。功能就叫利，又叫權智，此智能頓見諸法的實相，是名觀照般若。所以，金剛之堅，比喻般若「體」；金剛之利，比喻般若「用」。**何謂「實相堅固」？實相就是宇宙的原理。上師在《肇論講記》說：「**實相就是宇宙的原理，我們說為佛性、法性、真如。若以真言宗來說是法界性，法界裡面分成六大。法界的一，就是一真法界，一真法界就是真如本性，真如本性能隨緣生萬物，真如隨緣發生萬法，實相真如本來無相。**」何謂「觀照般若」？依般若的空慧來看，你就會頓見諸法的實相。《肇論講記》說：「『觀自在菩薩，行深般若波羅蜜多

時，照見五蘊皆空，度一切苦厄。』**我們觀行到甚深之時，透視假的去看那個真的。**所觀到的境、物，所觀到的萬法萬物，亦即是心所法。不遷（物不遷）是指諸法當體的實相。諸法是物質的，延續的，但那只是緣生法，緣生故無自性，所以那是性空。無生之時什麼也沒有，生出來以後，就有體積，有形體，但有一天仍會消溶。而諸法的當體、本體，是實相，亦即是性空，裡面的實相就是真如本性。此論與真言宗相同否？相同，**真言宗説得更清楚，並將真如的『一』剝開，看裡面還有什麼：這裡是將海中的水當作真如，起的泡當作諸法，去透視諸法的泡，泡破了仍是水；諸法又像波，波當體也是水，故諸法當體就是實相；以人之常情叫做妄見，也就是迷妄的看法，妄見諸法在遷流，在變動。**但若依般若的空慧來看－行深般若波羅蜜多時，你就會頓見諸法的實相，你會感到諸法的實相本來是空性、性空，則當體寂滅，沒有什麼，沒有什麼卻又會生出萬有，故寂滅亦名真常－**真正常住的東西，真正有、不會壞掉的，故此空性最為堅固故名金剛，亦名真常。」**實相、觀照二種般若，實具堅利之義。以金剛之堅比喻般若「體」，金剛之利比喻般若「用」，體用不二。法喻雙彰，故曰「金剛般若」。《肇論講記》説：「**因為真如本性無形無相能生萬法，故法法皆真，萬法皆真。然相是無、是假的，但真如本性發生的法是真的。我們要去透視體，不要去看相，相是假的。**所以能從法透視到真如本性的無相處，是藉組織的，這樣就無有一法

可當情了。所以要用法眼去透視，應如何來表示透視呢？就好像用X光照射人體是透明的，用微細的顯微鏡來看，我們的身體像什麼呢？就好像絲瓜布的纖維一樣，纖維也只是粒子的組成而已，並無本我的自性存在，那種形象無有自性，所以說諸法無自性，並不是真如本性無自性，這要清楚。看進去、透視進去諸法是空性的、性空的，不是用眼耳鼻舌身去控制的，或以人去推測到無的，故說：『非推之使無。』真正造成的法應這樣來看的。有人坐禪坐到用香火來燒看看痛不痛，這就是『推之使無』，或者是『非禮勿視』，或『非禮勿動』，甚至是神經麻痺，不是這樣。而是**要去透視，看到它是無自性的，因為緣生法故無自性，是會壞的。若有自性的，本來有的，就不會壞掉了，就不能使其無了。若觀到程度夠了時，就進入了實際，煩惱沒有了就進入實際。真諦叫做如來，亦叫涅槃。煩惱結已盡，生死永滅，已沒什麼再可寂了，故叫寂。**這意思就是說：涅槃本來無名，涅槃即是真諦，是指煩惱結（執著的煩惱）已沒有了，不會再起煩惱了。所執著的五蘊已經盡了，不會再執著了。」《大般若經》亦說：「不動真際為諸法立處。」真際即是真如本性，亦是空性，空性真際立出諸法。諸法若無這個真，諸法就不能發生，所以諸法本來皆真。**一切諸法立處皆真，所以悟光上師說「有相無相皆是實相」。我們無論在什麼地方都不能脫離真如本性。這便是即事而真，當相即道。**《金剛經宗通》亦說：「真如性體，周遍法界，如如不動，即是諸經所

言法法皆如之義。」**我們要發揮處處皆真、法法皆如，一切事物都是真如本性，皆是大日如來的變化，當體皆是大日如來的變化身，故說「金剛第一」。雖然事物是假立的，本性卻是真的，我們若能看到了這一點，並永遠的住在這一點，是非雙遣，能所雙亡，才能出去執行佛的工作，這樣才有入聖之處。**

「**所以者何？須菩提！佛說般若波羅蜜，則非般若波羅蜜。**」佛說般若波羅蜜，我們若僅了解一切皆是空的，則非般若波羅蜜。般若波羅蜜不僅是了解一切皆是空的，而是心感同虛空，與虛空一樣，這才是般若波羅蜜。《肇論講記》說：「若你的心與虛空相等，你了解這個空的智慧，名叫做般若，**般若即空慧。般若不是了解一切皆是空的，是心感同虛空，與虛空一樣，這才是般若。**」又說：「**若要以凡夫的執著，以我法不空的人去看般若這個道理，都只是用估計的，用估計的就變成了緣生法，既是緣生法，自然就有對待，既是對待就不是般若。所以般若就是絕對待，絕對待唯有自己領會，是無法用名言來說的。**」

「**須菩提！於意云何？如來有所說法不？」須菩提白佛言：「世尊！如來無所說。**」真如本性又名「如來」。「如來」就是宇宙的實相，無形無體，本來就是「無」的，復何所說？所以確實是「如來無所說」。那個「無」是無一

物中無盡藏的。無的裡面卻有某種能力，故真如本性無形無相能生萬法；法法皆真，萬法皆真。《肇論講記》說：「**真如又名如來，經中言說如來就是在說真如本性的意思。佛就是指智。世尊就是指釋迦佛。在《金剛經》裡面有這些稱呼。……一般人都說如來就是佛，但意義是不同的。**」又說：「**宇宙的實相就是如來，實相無形無體，本來無有，實相本無，自然本來；本自無形體，也無實體。**」又說：「**不是經自我們推測、分析或觀想之後才變成無的，本來就是無的，所以說本無。現在的有是無的實體裡具有的功能，那種功能雖然能成為一切法，然依教門看來，一切法皆是假的，假是假什麼？不要誤會，假是指組織法生出來的形體，而真如本性的原料是真的。**原料似無，但是有。那個無是無一物中無盡藏的。無的裡面卻有某種能力，故不真空，不是真的無。因為真如本性無形無相能生萬法，故法法皆真，萬法皆真。然相是無、是假的，但真如本性發生的法是真的。」

「**須菩提！於意云何？三千大千世界所有微塵，是為多不？**」須菩提言：「**甚多，世尊！**」「**須菩提！諸微塵，如來說非微塵，是名微塵；如來說，世界，非世界，是名世界。**」散為微塵，合成世界；一物一世界，乃至一微塵一世界。那兩個名，是名為假名，亦名中道義，所以「諸微塵，如來說非微塵，是名微塵；如來說，世界，非世界，是名世界」。《金剛般若波羅蜜經注》云：「**散為微**

塵，合成世界，無性故非，假名則是。」《肇論講記》亦說：「**佛陀曾説：微塵就是我們這個世界，一個微塵一個世界，世界是什麼意思？世界就是時空－時間與空間，她的活動存在了時間與空間故名世界。**一物一世界，一微塵一世界，微塵最初的極微，極微是無法看到的，七粒極微生一個兔毛塵，兔毛塵就是兔毛最尖的地方，它為數甚少無法停止住。七粒兔毛塵合成一粒羊毛塵，如羊毛最尖的地方，也不能停住。七粒的羊毛塵合起來變成一粒沾客塵，即從窗外飛進來微細的、污穢的塵埃，我們可以看到的，叫沾客塵。七粒沾客塵合成一粒叫微塵，這是真正的微塵，像髒髒的桌子，我們用手一劃就可以看到，那就是塵埃了，塵埃擠在一起變成污垢。**一粒塵埃即一粒世界，一粒塵埃即一個單位，一粒塵埃即一個法。石頭或土塊由無限多的塵埃集成，土塊壞掉塵埃有否毀滅？沒有毀滅。法住法位，法無去來，永遠停在原來時空上。**但是組織後我們看到了整個的現象，例如把麵粉做成葫蘆、麵龜、饅頭等等，做成什麼形都隨我們的意，我們捏出的成品即名現象－諸法相，諸法的相是假的故無自性，要再改成什麼形體也再由我們的意思。麵粉比喻為宇宙的本性或佛性，諸法譬如為我們所做出來的成品。成品不是無，無的話要吃什麼？成品是有，只是形成的形體當體自性本空，而本性、原料是有的，有的源頭是空性，所以不能説空也是無。」又説：「**那個名，是名為假名，亦名中道義。用這個名來號這個物，被號名的這個物不是真的那個**

名，那個物是我們用假名去叫它的，名是大家約定的。大家叫它書籤，改天就知道它叫書籤，但書籤不是這個，這個原是紙，書籤只是假名，紙用在此處假名書籤，書籤本無，書籤只是我們給它的假名，我們也可說它不是書籤而稱作紙片，故你稱的書籤有嗎？無有。你稱的紙片，紙片有嗎？亦無。故物與名兩者皆不履真。你號的名是假的，你不要以為給它個號它就是真的。」又說：「已能知道的『有』和可以指出的有都是無了，那麼不能指示出的空洞東西你認為也是有，那更就錯了。這就是空宗的看法。你認為物是有的，名是有的，若是這樣就未免太執著了，此看法就是束縛。真諦是無名的，假有的東西亦是無名，『名』是我們假定之稱呼而已。」

「須菩提！於意云何？可以三十二相見如來不？」「不也，世尊！不可以三十二相得見如來。何以故？如來說，三十二相，即是非相，是名三十二相。」如來又名宇宙的「法身」、「本性」、「空性」、或「佛性」，無形無體，本來就是「無」的。那個「無」是無一物中無盡藏的，「無」的裡面卻有某種能力。那麼，到底怎樣才「得見如來」呢？就是依觀「三十二相，即是非相，是名三十二相」的佛之生身觀（三十二相）、法身觀（非相）、與實相觀（是名三十二相）的觀佛三階段。悟光法師在《密教思想與生活》說：「《十住毘婆沙論》又說及佛之『生身觀』和

『法身觀』與『實相觀』的觀佛三階段，云：『新發意菩薩直即觀三十二相、八十種好念佛，如前所說。若轉深入得中勢力，即以法身念佛。若心轉深入得上勢力，即以實相念佛不可貪著。』然此法身思想漸次進展，教法法身不知不覺遂成為本體常住法身、真淨法界，或云諸法所依的法性等，當體就是法身。法身與諸法實相完全成為同一物，這諸法實相觀，當體即是法身觀。」又說：「決不視其（法身）為固定性的、靜止性的東西，（法身）是指恆常的照一切、活現一切、創造一切之『全一』的宇宙生命體，此乃常在生成活動之靈體、聖其物者。此可以在『人格』上去把握，又可從超越『人、法』一切對立之絕對無限的『法格』去考察，此即是密教之『人、法』一體觀（實相觀）之立場，住此立場（實相觀）觀佛……而此觀法並非抽象地觀諸法性或其理體之思念，而是以具體之事物為其（法身）象徵觀境，觀想此，思念此，即其特質。」又說：「然以什麼事物來象徵？以什麼方法來『觀』才能符合呢？舉其主要者即如：月輪觀、阿字觀、種字觀、字輪觀、三形觀、種三尊觀等皆是。月輪觀者，即以月輪象徵皎潔明朗之心性，以此為觀想思念之對象的觀法。雖言宇宙存在之一事一物，皆是全一之真我或云全一生命體之出現，但親證直感此者，即在於自己開扉的純淨心上。人若妄念垢穢之念頭淨止，心住於至淨之一境，就會感得此真我之真相的大生命脈動。徹悟此純一無雜的心之本性，名曰『菩提心（淨悟之心）』。為觀此淨菩

提心之本性，以月輪之形為觀境而觀之，即是月輪觀。為何將月輪來象徵此自心之本性的淨菩提心呢？其淨菩提心是離了貪欲之垢而清淨的；且去了瞋恚熱惱而清涼的；除去了愚痴之暗而朗朗的，恰如具有清淨、清涼、光明意義的月輪一樣故也。《金剛頂經》云：『見我自心形如月輪。』所以取之。」

「須菩提！若有善男子、善女人，以恒河沙等身命布施。若復有人，於此經中，乃至受持四句偈等，為他人說，其福甚多。」恒河沙等身命布施，非「無為」不能，故得福甚多，然尚不如「於此經中，乃至受持四句偈等，為他人說」。所謂「四句偈」，亦即真如理言、真理語言（真言）。經文多次強調「四句偈」，是要讓人歡喜「乃至受持四句偈等，為他人說」。因受持誦說，能成佛也。《大日經疏》云：「一切有情常有我相種種煩惱，才若念真言（真如理言，亦即四句偈），我相即除，此為希有，亦甚希奇也！」住持四句偈（真理語言），可以被稱為「寂滅（不生不滅）道成」之法。《金剛般若波羅蜜經注》云：「**身命布施，不免有生（有生有滅）；弘持四句，寂滅（不生不滅）道成。**」《肇論講記》說：「**即事而真，當相即道，真言（四句偈）宗（根本立場）徹底的肯定現象，因為已透視了器器皆金，平等一味，不用滅器再求本來面目。**」

離相寂滅分第十四

爾時，須菩提聞說是經，深解義趣，涕淚悲泣，而白佛言：「希有，世尊！佛說如是甚深經典，我從昔來所得慧眼，未曾得聞如是之經。」

「世尊！若復有人得聞是經，信心清淨，則生實相，當知是人，成就第一希有功德。世尊！是實相者，則是非相，是故如來說名實相。世尊！我今得聞如是經典，信解受持不足為難，若當來世，後五百歲，其有眾生，得聞是經，信解受持，是人則為第一希有。何以故？此人無我相、人相、眾生相、壽者相。所以者何？我相即是非相，人相、眾生相、壽者相即是非相。何以故？離一切諸相，則名諸佛。」

佛告須菩提：「如是，如是！若復有人，得聞是經，不驚、不怖、不畏，當知是人甚為希有。何以故？須菩提！如來說：第一波羅蜜，非第一波羅蜜，是名第一波羅蜜。」

「須菩提！忍辱波羅蜜，如來說非忍辱波羅蜜。何以故？須菩提！如我昔為歌利王割截身體，我於爾時，無我相、無人相、無眾生相、無壽者相。何以故？我於往

昔節節支解時，若有我相、人相、眾生相、壽者相，應生瞋恨。須菩提！又念過去於五百世作忍辱仙人，於爾所世，無我相、無人相、無眾生相、無壽者相。」

「是故須菩提！菩薩應離一切相，發阿耨多羅三藐三菩提心，不應住色生心，不應住聲香味觸法生心，應生無所住心。若心有住，則為非住。」

「是故佛說：菩薩心不應住色布施。須菩提！菩薩為利益一切眾生，應如是布施。如來說：一切諸相，即是非相。又說：一切眾生，則非眾生。須菩提！如來是真語者、實語者、如語者、不誑語者、不異語者。」

「須菩提！如來所得法，此法無實無虛。須菩提！若菩薩心住於法而行布施，如人入暗，則無所見；若菩薩心不住法而行布施，如人有目，日光明照，見種種色。」

「須菩提！當來之世，若有善男子、善女人，能於此經受持讀誦，則為如來以佛智慧，悉知是人，悉見是人，皆得成就無量無邊功德。」

爾時，須菩提聞說是經，深解義趣，涕淚悲泣，而白佛言：「希有，世尊！佛說如是甚深經典，我從昔來所得

慧眼，未曾得聞如是之經。」《金剛般若波羅蜜經注》云：「資神之寶，曠代難聞。深慶自幸，加歡及人。」昭明太子以「離相寂滅」作為此分的題品，這是劃龍點睛，本章即直指「寂滅一心，離一切相」。當體不生不滅，心無起無滅，是名寂滅。《肇論講記》說：「寂滅一心及本無諸法。因為本來無，現在有，故名緣生。…這裡的生只是暫時名生，但不是生，因為不是生，所以名不生。如水變作波，變作冰；冰溶成水，水亦可變成冰。其現象是有生、有死、有出沒的；水當體如真如，當體不生不滅，沒有增減，本來如此。好像整個桶子裡是真如原料，以整桶來看，整個是道，也就是一心。這個整桶是一，是寂靜的。不過裡面的原料在翻滾，在創造，在活動，這叫做動，故有動有靜。我們以一般的常識來看，由古至今，有遷移有轉動；昨天至今天、至明天，不斷的移動，這樣就叫遷。雖遷，但在全體來看是不遷的；以凡夫來看是遷，以聖人來看是不遷。以我們去看一心有生滅，以法界一心看不生滅。」又說：「本無諸法即直指寂滅的一心；心無起動叫寂滅相。不生不滅，心無起無滅叫寂滅，寂滅不是沒了，不知道了；不是枯坐，不是讓人用香火來燒看會不會痛，不是這樣。寂滅一心就是了無一法，離一切相。」又說：「這宇宙芸芸眾生，有千千萬萬的心，但若把千千萬萬的心統一起來只是一心，即是宇宙心，這是真如本性裡全體動力的心，不然如何能生萬法？此動力－業，就是心，所以外面的境界也是真如，本性變現的。如何

變？由因緣組織而變。因緣組織即是緣生，緣生無實體，所以名空。什麼是緣生呢？譬如我們把三枝棍子用繩子綁成一組，命名為三腳架；又拿四枝綁成一組，命名為四腳架。三腳架有嗎？三腳架性空，三枝棍子是有，三腳架沒有。四腳架有嗎？沒有四腳架，四腳架是由四枝棍子綁成的，名四腳架。四腳架是假的，沒這個東西，故性空。而四枝棍子有嗎？有。所以諸法是組織的，三腳架、四腳架是組合的，組合現出世間的東西叫緣生。緣生故無自性，那麼棍子是有嗎？有，即是真如本性。真如本性如棍子，綁成三腳架就成三腳架，綁成四腳架就成四腳架。由因緣組織變出了森羅萬象，參差不齊，形形色色。若我們認為三腳架是有的，我們就錯了，那是性空，是沒有的。但有否？有，有三腳架的存在。有否？沒有，因為三腳架是假的。有和沒有要如何看？有也好，沒有也好，不有不無，是名中道。所以緣生的諸法，沒有實體，緣生故空，名性空。總體是真如所變現的，故亦名法性。其如法性所成的諸法，因為真如無相，所以諸法本體寂滅，完全是性空寂滅的；寂滅無相名實相。故以「本無」為一心之體，即真如還未變現，心還未起動，那時名心體，體就是中心。有體、相、用。而緣會為一心之用，即緣會組織。實相、法性、性空，都是一心成萬法的意義，都是本無、實相、法性、性空、緣會。這些本來無名，涅槃亦無名，般若也不知是什麼，所知道的東西都是假的，所以一切東西統合起來只在一心。一心就是宇宙心，我們的心是

由宇宙而來，不是自己有的。若以小來看心只在這裡，若以大來看心在整個空間。整個無限際的虛空又叫世界或宇宙。宇宙裡有一種力量，即業力，也就是佛性，在變動中時叫一心。」

「世尊！若復有人得聞是經，信心清淨，則生實相，當知是人，成就第一希有功德。」《金剛般若波羅蜜經注》云：「聞妙不疑，生解必真。」聞「寂滅一心，離一切相」不疑，信修忽證「一心成萬法」，是名「信心清淨，則生實相」。「寂滅一心」就是宇宙心，「實相」是「一心成萬法」。以無限絕對「宇宙心」為力點，此天地間所有存在的一切事物，彼此相涉關聯而活現於全一；不捨個自之立場，自己建立世界；各以宇宙一切為背景，一刻一瞬地活現於無限絕對體驗，就是「離一切相」。《密教思想與生活》說：「其教法，以無限絕對為其力點，此天地間所有存在的一切事物，彼此相涉關聯而活現於全一；不捨個自之立場，自己建立世界；各以宇宙一切為背景，一刻一瞬地活現於無限絕對體驗之教。……言人、言法，其各個都是絕對的、無限的。沒有「機根」上下區別，亦無正、像、末之時分。從而其末法更沒有上根、下根之適與不適。亦無正法、像法有效驗，而末法之今日已無效驗之別。……因此『若能信修，不論男、女皆人也，不管貴、賤悉皆此器也』。又『明暗無他，信修忽證』。」若能信修，不論男女、貴賤，悉皆「成就第一希有功德」，以「明暗無他，信修忽證」故！

「世尊！是實相者，則是非相，是故如來說名實相。」
《金剛般若波羅蜜經注》云：「虛盡實忘，理之極也。」
何謂「實相」？實相就是真如（一真）。《肇論講記》說：
「實相就是宇宙的原理，我們說為佛性、法性、真如。」何
謂「非相」？真如隨緣發生萬法，實相真如本來無相。《肇
論講記》說：「若以真言宗來說是法界性，法界裡面分成六
大。法界的一，就是一真法界，一真法界就是真如本性，真
如本性能隨緣生萬物，真如隨緣發生萬法，實相真如本來無
相。」何謂「是故如來說名實相」？用般若能觀的心去觀所
觀的境，是透視真如本性、佛性活動的源頭（實相），不是
只看現象隨緣發生（非相）；觀了之後，瞭解到諸法是如此
這般這般（「是實相者，則是非相」），所以有個真（實
相），有個假（非相是假觀），有個中（「是實相者，則是
非相」之中觀）。《肇論講記》說：「我們用智慧去看實
相，那種腦力叫空慧，名般若；**般若是空慧，是看到實相
的智慧**，不是只看現象的，是透視真如本性、佛性活動的源
頭，即能觀之智。用般若能觀的心去觀所觀的境，**所以有個
真，有個假，有個中**。以這三項為因，觀了之後，瞭解到諸
法是如此這般這般。這就叫涅槃。」

「**何以故？此人無我相、人相、眾生相、壽者相。**」四
相完全是戲論，佛陀教吾們要反觀內照，了知現象即實在。
悟光法師在《一真法句淺說》云：「阿字門即是涅盤體，是

不生不滅的佛性本體，了知諸法自性本空沒有實體，眾生迷於人法，《金剛般若經》中說的四相，我相、人相、眾生相、壽者相，凡夫迷著以為實有，四相完全是戲論，佛陀教吾們要反觀內照，了知現象即實在，要將現象融入真理，我與道同在，我與法身佛入我我入成為不二的境界，這不二的境界是絕了思考的起沒，滅了言語念頭，靈明獨耀之境界，所有的五蘊是假的，這五蘊堅固就是世間所云之靈魂，有這靈魂就要輪迴六趣了，有五蘊就有能思與所思的主賓關係，變成心所諸法而執著，能所主賓斷了，心如虛空，心如虛空故與道合一，即時回歸不生不滅的阿字門。不然的話，迷著於色聲香味觸之法而認為真，故生起貪愛、瞋恚、愚癡等眾蓋佛性，起了生死苦樂感受。諸法是戲論，佛性不是戲論，佛陀教吾們不可認賊為父。」

「所以者何？我相即是非相，人相、眾生相、壽者相即是非相。何以故？離一切諸相，則名諸佛。」「我、人、眾生、壽者」等四相，無非是我執，「我相、人相」是「人我」執、「眾生、壽者」是「法我」執。《金剛經》中「離一切諸相，則名諸佛」之說，大概在說先藉「法我」來離「人我」，進而離「法我」。這可以作為菩薩自利利他漸次成佛過程的借鑒參考。悟光上師之《肇論講記》說得最妙：「一般的佛教徒從開始先學被縛，藉法、律來縛，來恐嚇，讓他的精神不敢違越，看到佛祖就當作神，不可侵犯；

在這期間一直學，學到覺得佛祖就是我了，那佛祖變成了我相，我要像佛祖般的工作，在此時，顯教認為差不多到達了目的。」這是在說明先藉法我相來離人我相。《肇論講記》又說：「但到了這階段卻有個大危險期，因為在進入到我就是佛的時候，就要把佛祖的像毀掉。其實土塑的佛是佛祖，木頭刻的也是佛祖，因為現象即實在，只要你去肯定，諸法都是佛性，一切眾生皆具足佛性，眾生皆有如來德相。只要發心將一切肯定，肯定之後證入同體大悲，那時所發的隱力才會更大。**而佛教徒在開始時一直學一直綁，之後再一直解，自己學自己綁再自己解，經累世的綁和解，自由了就能遠走高飛。**」這個「先藉法我來離人我，進而離法我」如何做才是最上乘呢？《肇論講記》又說：「就像禪以無門為門；例如學了一套拳法，力量足夠了，一出拳就把牆撞倒，直接進去，這就是以無門為門。淨土是用走路的，若一直走也可以到目的，這是以有門為門。真言宗也是有門，有方法的門，不是在什麼地方都能進去的門⋯⋯真言宗是用什麼法呢？是以若從下面修上去的名『東因』入，是從東方發心，往南邊修，修到西方，然後到北方，再從中央進入。然我們現在卻是『中因』入，直接由我肯定，幫你們灌頂之後教你們做，你們就照做。什麼是中因呢？**直接證佛位，直接證到佛位了，但要做的工作未做完，所以還要做。**你若由東因修，此生修不成，後世再來修。中因與東因是先成佛與後成佛的差別。」如何是「直接證佛位，直接證到佛位了，但

要做的工作未做完，所以還要做」呢？「**直接證佛位**」就是「我皆令入無餘涅槃而滅度之」；既是「中因」入，直接證到佛位了，皈依為佛，自然沒有私心，揚棄傷害他人的想法，故名「藉法我來離人我」。所謂「進而離法我」者，就是《金剛經》將來要說的「一切有為法，如夢幻泡影，如露亦如電，應作如是觀」之「甚深十喻」境界了。我們若能用「緣生十喻、作如是觀」，即於「藉法我來離人我」當中，知此「法我」皆如鏡像水月，無性無生，如是即知人我（我相、人相）法我（眾生相、壽者相），皆畢竟清淨，即名「進而離法我」；既不住於有為而取於相，亦不住於無為而離於相。這就是《金剛般若經》中說的菩薩無「我相、人相、眾生相、壽者相」了。

佛告須菩提：「如是，如是！若復有人，得聞是經，不驚、不怖、不畏，當知是人甚為希有。何以故？須菩提！如來說：第一波羅蜜，非第一波羅蜜，是名第一波羅蜜。」成佛與未成佛要如何證明？要看你自己能否肯定，肯定就成佛，肯定就「不驚、不怖、不畏」，肯定就「是人甚為希有」。從「中央（法身）」直接肯定的就是「第一波羅蜜」，是為頓；但頓是從漸修來的（非第一波羅蜜），如你過去遇到老師，遇到善知識，聽到那些道理，然後慢慢地進人，是從下面修上去的名「東因」入，是從東方發心，往南邊修，修到西方，然後到北方，再從中央進入，

這就是漸。現在突然悟到了，「喔！原來如此。」直接肯定就成佛，這就叫頓（是名第一波羅蜜），頓是明白時而說的。《肇論講記》說：「**成佛與未成佛要如何證明？要看你自己能否肯定，肯定就成佛，否則你就必須從凡夫去改造。**如一塊金子，外面被髒物附著，但裡面本來就是金子，即使不清除髒物它仍是金子。**假若你能從中央直接肯定（第一波羅蜜），外面雖有污穢（非第一波羅蜜）卻沒有關係，因為裡面是純金（是名第一波羅蜜）。**要賣或作什麼都可以，因為我們知道這一定是金子，所以不用再去處理，只要直接肯定，這樣就快成佛了。」又說：「若是東因入就是用慢慢刮、慢慢剝的，磨到了光亮時才認為它是真金，才拿去賣，才發生效用。一樣是金，但二者看法不同，這是快與慢，東因與中因的不同。我們有很多的寶藏，對內是自己要溫習，要修，去做課，去陶冶性情，去悟出道理。對外則是化他，工作；自度化他如車雙輪之運轉，故曰福慧雙修，直接作佛。所以即身成佛（第一波羅蜜）和慢慢修才能成佛這兩種學問差得太遠了。」一般的顯教說眾生皆有如來德性，可是未顯，你若要展現那些德性就得慢慢地去練，練到有成就，這就是漸。**禪宗的六祖是直接肯定的（第一波羅蜜），故為頓。但頓是從漸修來的（非第一波羅蜜），如你過去遇到老師，遇到善知識，聽到那些道理，然後慢慢地進入，這就是漸。現在突然悟到了，『喔！原來如此。』這就叫頓（是名第一波羅蜜）。**頓是明白時而說的，但頓之前也是漸，故不能不用漸。」

「須菩提！忍辱波羅蜜，如來說非忍辱波羅蜜。何以故？須菩提！如我昔為歌利王割截身體，我於爾時，無我相、無人相、無眾生相、無壽者相。何以故？我於往昔節節支解時，若有我相、人相、眾生相、壽者相，應生瞋恨。須菩提！又念過世作去於五百忍辱仙人，於爾所世，無我相、無人相、無眾生相、無壽者相。」《金剛般若波羅蜜經注》云：「即以忍辱，明無我人（無我相、無人相、無眾生相、無壽者相）……無我人，誰加誰忍？故非忍之也。」又云：「何故忍即非忍耶？即引忍事（如我昔為歌利王割截身體）以為證也：有人受割，可名為忍；既無我人，割忍何生也？」又云：「何故爾時無我人相耶？若有我人，必生忿恚；而能怡然，無我人明矣！」**所謂「無我人」、「忍辱仙人」，即「無我相、無人相、無眾生相、無壽者相」，就是進入無所得了，就昇華成法身佛了，即悟到大法身的法身佛了。**《肇論講記》說：「進入無所得的精神之後，就變成無我，達到無我的時候，我們的潛力一般若力就會發揮到無限的大。一般人的潛力發揮不到百分之二十，而他能發揮潛力的時機是因為什麼？是因為在急中珍惜他的寶貝故，他才能發揮出來。反過來，無所得的人所發的潛力就相反了。譬如一個人平時是搬不動電冰箱的，但火災來臨，他認為冰箱是寶貝，他一個人就能把冰箱搬出來，因為他的自私，有所得才發出了隱力，有所得所發出來的隱力都能這麼大了，那麼進入無所得再發出的隱力就更是無限了，

要是認識了這個道理，學道才能更有進步。」《肇論講記》又說：「**有大我小我，然根本無我，無我則全是我，為什麼無我全是我？因為現象即實在，無我即實在。現象即是有我，有我是由無我所發生的。**有我無我全是假話，根本只是假的，若真就應全真，真真假假嘛！因為現在我們有假組合的身體，所以要呼吸，要吃飯，這只是因緣的相續，所以有補給代謝。一期相續未滅之前，自然要代謝，要滋養，要呼吸，要穿衣，要睡，要洗澡，要孝養。那麼這個身是我們的嗎？是呀，不然你怎麼不去滋養別人？**因為大我改成了小我就都是小我，若大我就都是大我，故無小我與大我；若要說小我則一切都是小我，若要說大我則一切就都是大我。為什麼若大我則都是大我呢？**我們的身要吃菜、吃飯，喝水……這些東西造成我們的身體，這都是從大我來的，我們的身體不是大我是什麼？但我是我，別人是別人，故大我又是小我。**小我大我要如何來融合呢？這是精神上的問題。在生活的理趣中一定有小我，小我的理趣中一定有大我的精神，要將此精神放在諸法無自性中，經覺悟之後再去肯定小我。**諸法從因緣生起就有質礙，有質礙的東西如鐵，原本鐵不相溶，但若用高溫的火去熔鐵才能相溶。牆壁用石子丟不過去，但當初是以石頭、石灰、沙、磚一起攪和，相涉無礙，才造成牆壁的。牆壁是一，是大我嗎？不是，裡面的石子、沙、一粒一粒都是獨立的。鐵獨立，磚亦獨立，完全不相即，不相即而相即，變成一。我們的身或樹也一樣，樹的水

分流在細胞裡，你看它們溶合否？無溶合，水分歸水分，纖維歸纖維，即使樹乾了，水分跑光了那樹還是在。**每樣東西都是相涉而組合著……就像真言分成六大一樣。……一是可知的，是假定的，無限多的多則無盡無數，而無盡無數中，每一樣的物質都在成、住、壞、滅，每一個細胞的成、住、壞、滅名劫。我們的煩惱也在成住壞滅，這也是劫。宇宙也有劫，精神作用也有劫，物質的代謝是劫，一切的轉變都叫做劫。一個小小的細胞在轉變就有無限劫，何況是大的一？三千世界不只是三千大千世界，亦不只是三大阿僧祇劫，而是無量無邊的劫。無量無邊的劫是集在哪裡？是時間嗎？不是。因為宇宙中無有時空。**……空間一直在散滅，時間也一直在散滅，所以宇宙無有時空。無有時空，要如何以時空來計算劫數？**無有時空故無有劫數，因不停的活動才有劫數，有劫數但不是有時間，時間只是集在剎那裡，無量阿僧祇劫也集在剎那裡，任何的剎那都是中心，任何的剎那都貫穿著過去現在未來。空間也是一樣，無量無邊空間的塵也集在我們這裡。**」《肇論講記》又說：「一切煩惱皆是自私所生，自私沒有了，就沒有煩惱了。自私有內自私及外自私，保護自己的身體是內自私。對大眾有利的，如我希望這個鄉里好，還是外自私。希望一國好，希望地球好，這也是外自私。地球以外，若所有星球我都要它們好，這就不能說是自私了。我們愛一個鄰，愛一個里，愛一個區，愛一個縣，愛一個市，愛一個國，這都是外自私。但還有自私，人類若無

自私，地球上就沒有戰爭了。因為我要保護我的教徒，你要保護你的教徒；我要保護我的國家，你要保護你的國家；你要爭取我，我要爭取你，大家就有了防衛性，就起了矛盾。**大家心理都有自私，自私或大或小，但都是自私。打破自私就沒有地球、國、村、里等小氣度的觀念，就成了大宇宙的觀念，大宇宙的觀念原理是來自大宇宙。觀念與大宇宙恰好平衡，合了，這個人就昇華成法身佛了，即悟到大法身的法身佛了。……若把一個如微塵般的人看成與宇宙一樣大，用我這粒微塵來作研究，把這一粒小微塵放到與宇宙一樣大的觀念時，那你就進入了法界身。」**

「是故須菩提！菩薩應離一切相，發阿耨多羅三藐三菩提心。不應住色生心，不應住聲香味觸法生心，應生無所住心。若心有住，則為非住。」《金剛般若波羅蜜經注》云：「菩提以相盡（無我相、無人相、無眾生相、無壽者相）為極，故宜以忘懷（打破自私）而期心（應生無所住心）也。」又云：「離一切相者（無我相、無人相、無眾生相、無壽者相），不住色聲等也（現象即是有我，有我是由無我所發生的）。」又云：「無相可緣（要將此精神放在諸法無自性中），心何所住（放到與宇宙一樣大的觀念）？住相則心動（小我觀念），故非住（進入了法界身）。」《肇論講記》說：**「因為我有住處而大日如來無住處，若成了大日如來的無住處時就是佛了。你的境界能否升到那裡？升到**

那裡時你就成佛了。……水無心，無用意；**水的心無住，水無住處，它的性如同無住處涅槃。用這樣的觀念來思維。行住坐臥應要如何做？事來即應，事去不留。這樣就是應無所住而生其心，無住處涅槃。從此漸漸地練，練到最後無住處當涅槃就入到空三摩地，亦是流水三摩地。這是一種很好的修行辦法。煩惱來則應，但不再連續下去，亦即是把煩惱切斷。」又說：「不怕念起，只怕覺遲。念起是病，不續是藥。故不要繼續卜去，你只要知道了煩惱就沒了。」**

「是故佛說：菩薩心不應住色布施。須菩提！菩薩為利益一切眾生，應如是布施。如來說：一切諸相，即是非相。又說：一切眾生，則非眾生。」你若瞭解了諸法本空，心便不應住色布施；是應該做的工作，是佛的一種羯磨，是無代價的，不論如何都應要做，菩薩為利益一切眾生，應如是布施。一切相就是實相，一切相無相，故「一切諸相，即是非相」；你若體悟到了此原理，你就證到了無相三摩地，即能正住，你能進入正定住去觀想，能夠住在那裡，這種住就是「應無所住」的住，亦即瞭解的意思，這樣就是定。你已瞭解到救人和救自己是不二的，故「一切眾生，則非眾生」；能平行而作，令眾生與我們一樣去瞭解法界體性，法界體性也就是涅槃，不生不滅。《肇論講記》說：「**你瞭解了諸法本空，是因緣所生，能夠入觀空三摩地，去瞭解並正住在那裡，此住就是無所住的住。」**又說：

「**無相三昧的無相是『是相非相』，『是法非法』**。因為因緣法，故法是假法；無常住，故諸法無形，有形之相皆不能常住，為什麼？因為無自性，故不管何時都在新陳代謝，在組織，故相非相皆是無相。現在你們能體悟或只要去分析就行了。自己內證到就是體空，分析的空是析空。你要能分析諸法是無相，是假相，無真正的相，真正的相又叫做實相，實相是什麼樣子？**實相無相又是一切相。一切相就是實相，一切相無相。你若體悟到了此原理，你就證到了無相三摩地，即能正住。當你看清之後便要肯定它，照常吃飯，呼吸，工作，一定要工做，因為那就是如來的活動，又名羯磨，如來羯磨力是一種羯磨活動，就是作業，將那些作業全部合在一起，名羯磨曼荼羅。**在做了事業之後卻不要認為我應獲得多少的代價，爭取代價就是迷的世界。而那種代價不是物質的代價，若問我做了這些工作有多少功勞？多少代價？多少功德？本來無功德性，虛空即是無功德法，一切既是因緣法，哪有功德呢？「三千功八百行」是要引導一些人，讓他們有個希望，有個寄託，因為人有貪故。就像魚因貪吃，才被釣上岸。真言宗的四門菩薩就像個釣魚的人，鉤是釣魚鉤，索是魚線，鎖是簍子，鈴是在歡喜的吃。鉤又如布施等等的方法，讓你對他有好印象，然後想跟他走。再用索去把你綁住，鉤與索只是教化方便。所以不能因為你歡喜就認為你有所得，有所得亦只是有為法。**是應該做的工作，是佛的一種羯磨，是無代價的，不論如何都應要做，無有**

代價故名無願，無願就是無願三摩地。」又說：「這三種三摩地能生戒、定、慧、解脫，解脫知見。普通說的戒是：『這裡有個戒條，故你不能違犯。』但真言宗的道理就不是這樣，真言宗說，**你既已進入大日如來的本體，本來法界體性是空，性空則諸法不起，起是假起，滅是假滅，不是有生出諸法，那些法只是組織的，故諸法不起，不起就是不生，不生哪有滅與不滅？只是組織在分散，所以名不生不滅。不生不滅，諸法不起，自然就是戒。你能進入正定住去觀想，能夠住在那裡，這種住就是應無所住的住，亦即瞭解的意思，這樣就是定。你若更能分析事理，去做大日如來的事業，你本身所具足的這些功能在活動，去做事業，能看清，不會做錯，用種種的方便去救度眾生，先自證再化他，這樣就是慧。你已瞭解到救人和救自己是不二的，故能平行而作，令眾生與我們一樣去瞭解法界體性，法界體性也就是涅槃，不生不滅。既然瞭解了不生不滅，還有什麼好執著的？沒有可執著的就沒有了煩惱，無煩惱即名解脫，並不是有什麼解脫。了生死就是要瞭解無有生死。**本來自性即是空性，生出的身體是假的，很快便會消失，消失並不是死，只是變成原料而已。像水變成冰，冰變回水，所以死而無死。我們不去煩惱死，也不煩惱其它，這樣就是解脫。解脫深深印在自己的身上名自證，還要令眾生證入，通通都明瞭，一切都解脫，全部生出這種悟境，這就是解脫知見。這五種成就，即名法界體性。法界體性無話可說，本來無名，所以涅槃無

名，涅槃的體就是法界體性。」又說：「現在論此法界體性的涅槃體，就是我們的功夫做到夠了，已入法界體性了，去體悟到了，煩惱解脫了。你若未解脫，就用析空觀法。在觀的時候就是解脫，不在觀的時候就不是解脫，這便是有餘依涅槃。菩薩留惑潤生：『我不要住在不生不滅的精神中－那種不動的、靜靜地坐禪。我要去做事啊！』**有願力要做事即是有餘。羅漢的願已了，便歸入法界體性，到法界體性裡叫無餘，已無留惑。有餘無餘都不究竟，為什麼？因為宇宙的原理像一個大的造化爐，不論何時均在轉動，我們若進入到無餘涅槃時，也只不過是這個單位的消滅，這個執著的單位消滅而已。進入法界體性之後，又會再變成樹、豬、牛、狗、草等等，這是法界體性大宇宙的原理，還是在往一切的眾生那裡去，所以如來的法身在周流五道是為了眾生，故如來又再出現，出現在世間仍是如來的身。若是這樣的話，怎麼能說有個涅槃和沒有涅槃呢？**無故，所以有餘涅槃、無餘涅槃都只是假名，都只是在學問上的分析而已。**明瞭涅槃而不住涅槃叫做無住。你不用執著住在涅槃，或分別有餘、無餘，不用管它，本來如此，沒有什麼有餘或無餘，那只是假名罷了。**所以住在那裡，知道就好，不要再去認為我現在已證到了什麼程度，是第幾禪，第幾色，或證到什麼？本來如此，一項而已。」

「須菩提！如來是真語者、實語者、如語者、不誑語者、不異語者。」《金剛般若波羅蜜經注》云：「真不偽，實無虛，如必當理，不誑則非妄語，不異則始終恒一。聖言不謬，故宜修行也。」《肇論講記》說：「是為了要度不同根器的人而說了不同的教法，而聖人的心是一味的；是為了各種的根機而方便說的。諸法都是真理，不要只說些道理，要化真理於現象才能救人，才能挽回迷失的人。不是專門說些經典，都是只有『佛說⋯⋯般若波羅蜜多說⋯⋯是法、無為法⋯⋯等等』。說了那麼多，在說什麼我也聽不懂。應該在現象上，以他的工作、去看他缺些什麼，以他最內行的工作，用真理融化進去。」

「須菩提！如來所得法，此法無實無虛。須菩提！若菩薩心住於法而行布施，如人入暗，則無所見；若菩薩心不住法而行布施，如人有目，日光明照，見種種色。」佛說「因緣」二字，「因緣」是「如來所得法」，一切諸法是無自性的，不能說有（無實）或無（無虛）。《肇論講記》說：「**一切諸法是無自性的，不能說有或無，確實是有，有亦是無。**這裡以經文反覆的讓我們知道這個理由。所以佛說因緣二字，是在破外道一切斷常的疑惑。有的認為是斷空，有的認為是常，不是常就是空，均偏頗一邊。**佛教是因緣法故不有不無，不真不虛，這就是佛教的中道義。**」何以「若菩薩心不住法而行布施，如人有目，日光明照，見種

種色」？《肇論講記》説：「**雖然事物是假立的，本性卻是真的，我們若能看到了這一點，並永遠的住在這一點，是非雙遣，能所雙亡，才能出去工作，這樣才是入聖之處。**」

「**須菩提！當來之世，若有善男子、善女人，能於此經受持讀誦，則為如來以佛智慧，悉知是人，悉見是人，皆得成就無量無邊功德。**」菩薩能心不住法而行布施，然尚不如能於此經受持讀誦乃至四句偈為他人説得福多者。因受持誦説，能成佛也。《金剛般若波羅蜜經注》云：「如來所見，理周非謬，明勸將來，宜加勤修也。」

持經功德分第十五

「須菩提！若有善男子、善女人，初日分以恒河沙等身布施，中日分復以恒河沙等身布施，後日分亦以恒河沙等身布施，如是無量百千萬億劫以身布施；若復有人，聞此經典，信心不逆，其福勝彼，何況書寫、受持、讀誦、為人解說。」

「須菩提！以要言之，是經有不可思議、不可稱量、無邊功德。如來為發大乘者說，為發最上乘者說。若有人能受持讀誦，廣為人說，如來悉知是人，悉見是人，皆成就不可量、不可稱、無有邊、不可思議功德。」

「如是人等，則為荷擔如來阿耨多羅三藐三菩提。何以故？須菩提！若樂小法者，著我見、人見、眾生見、壽者見，則於此經，不能聽受讀誦、為人解說。」

「須菩提！在在處處，若有此經，一切世間、天、人、阿修羅，所應供養；當知此處，則為是塔，皆應恭敬，作禮圍繞，以諸華香而散其處。」

昭明太子以「持經功德」作為此分的題品，這是劃龍點睛，

本章即直指「**持經説法（書寫、受持、讀誦、為人解説）者，深解義趣，能為人演説，不取於相，如如不動」，則當知此人功德無量，不能具説**，乃至「**在在處處，若有此經，一切世間、天、人、阿修羅，所應供養**」。持經説法者，得淨心已，能既不住於有為而取於相，亦不住於無為而離於相，**乃能究竟方便。以此自度，即以此度人**，是名符其實三「持經功德」。《肇論講記》説：「**入到本性之後仍要照樣去工作（書寫、受持、讀誦、為人解説），此本性即名涅槃**。涅槃是歸原的狀態，是悟到了這個狀態。而宇宙本來就是涅槃的，然涅槃中卻有活動。我們若悟到了涅槃，認為要把心控制住，不讓它再活動，這樣便入無餘。但若想：我還要去救度眾生，留惑潤生，這樣就是有餘，但這樣也是住著。**若我已悟道，與宇宙同等，我本來就應發揮潛能服務大家，不執著有或無功德，三輪體空，一切只是向著光明大道去行，光明就是本性。顯教只説空、無相、無願三解脱門，真言宗則多一項光明解脱，變作四輪。他們是三輪體空，真言宗是四輪體空，且光明也無住著。**無住著名無住處，即無住處涅槃。把三種涅槃統一起來，歸到本然理體，也就是本然理體自性涅槃。這不是無住、有餘、無餘，而是自性涅槃，自性本來如此的涅槃。自性涅槃是依理看的，若以相來看，整個宇宙是一個多的一，互相交叉活動，參差交織，雖是一，但有無限多的活動存在其中。無限多的活動是別，整個宇宙是總。『總』名實相涅槃，『別』則分三種涅槃。我

們於活動中不去執著便叫無住。這三種皆是依行者修行的功能所立的名詞。**我們在說的涅槃論，是指悟道的人，他的心在活動時已是心行處滅，言語道斷。言語道斷不是不說話，而是他看著自性，又不去執著自性是什麼樣子；不去執著自性是什麼然後還去跟你說法，他不執著自性所發生的是什麼。**他的境界是：針插在輪的中心點；車輪的轉動如宇宙的活動，在中心點的針就如他，他是活的，並且在活動，他不只是看到某一個方向，故名無住處。那支針時時均在轉動，雖在動，但位置沒有移開故名不動。位置未移，寂然不動；不動而動，動而不動。針的最尖處於中心點在轉著法華。**運用著我們的自性功能，在中心點轉動，此即是潛能。不管動與不動，吾人都得站在中心處而不住著，這種情形是無法可說的，無啥事，無方向，無高下，無長短，無黑紅青白，無話可說。**所以說言語道斷，心行處滅。」

「須菩提！若有善男子、善女人，初日分以恒河沙等身布施，中日分復以恒河沙等身布施，後日分亦以恒河沙等身布施，如是無量百千萬億劫以身布施。」《金剛般若波羅蜜經注》云：「分一日為三分，故言初中後分也。施重又多，功德彌曠矣。」一日初中後分也，施重又多，這告訴我們什麼了？《肇論講記》說：「他忘記了自己，又沒有心存要救人的觀念、認為是應該的事。他已沒有布施的我，沒有被布施的人和所施的物，三輪體空，他的功德莫大！我們

因為有代價，有代價故有我、有你，而喪失了智，智就變成知了，知就是緣生法，緣生法就是世間的生死法所造成的苦具。能夠三輪體空，即用三解脫門改造了他的生命，本來要死的業力得到了改造。」

「若復有人，聞此經典，信心不逆，其福勝彼。何況書寫、受持、讀誦、為人解說？」《金剛般若波羅蜜經注》云：「施則有限，信心無極。但言已信，況復持弘者？」聞此般若經典，信心不逆，住持弘揚四句偈（真理語言），可以被稱為第一希有之法。《大日經疏》云：「一切有情常有我相種種煩惱，才若念真言（真如理言，亦即四句偈），我相即除，此為希有，亦甚希奇也！」受持誦說，能成佛也。

「須菩提！以要言之，是經有不可思議、不可稱量、無邊功德。」《金剛般若波羅蜜經注》云：「物莫能測，不思議也；算數不該，不稱量也；蕩然無崖，無邊也。」為象徵表現般若之絕對境地，佛開示「是經有不可思議、不可稱量、無邊功德」。物莫能測者，即諸法的莊嚴實相神秘而莫測，故說不可思議。《密教思想與生活》說：「是因為一般人迷惑於個體對立，而不能見得『生』當體真我之『全一』姿態，且對於萬紫千紅的『全一』莊嚴實相，覺得神秘而莫測，不能當體理會故也。」算數不該者，即當體真我的身心具足無量無數，故說不可稱量。《密教思想與生活》說：

「究竟覺知自心底源，如實證悟自身之數量。此處言自身、自心者，都是指『生』當體真我的身心。這『真我』不論從『色身』或『精神』上來看，都是具足無量無數的。」**蕩然無崖者，即表現甚深般若之無限絕對境地，故說無邊也。**

《密教思想與生活》說：「為象徵表現般若皆空之絕對境地，再予以活用。即在《大般若經》說：『如地、水、火、風、空等相，甚深般若波羅密多亦復如是。』誠如地大，廣大無邊為一切物之所依，為一切物生成之根本一樣，甚深般若亦如是。如水大，其性由高而下，普為水族之歸處，又能滋潤萬物、生長萬物，甚深般若亦如是。如火大能成熟一切物類，也能燒毀一切，不起我能燒之念，甚深般若亦如是。如風大可增長一切物類，又能摧殘一切，甚深般若亦如是。如空大無所不住，無染無著、甚深般若亦如是。總之，為表現無限絕對之境地，而取五大或六大來象徵。以此五大或六大來象徵內證體驗思想，於密教中特別強調。《大日經》中，以五大來象徵，表現秘密內證體驗之境地云：『世尊！譬如虛空界離一切分別、無分別、無無分別，如斯一切智智亦離一切分別、無分別、無無分別。世尊！譬如大地為一切眾生所依，如斯一切智智亦為天、人、阿修羅之所依。世尊！譬如火界燒一切之薪無厭足，如斯一切智智亦燒一切無智之薪無所厭足。世尊！譬如風界除一切之塵，如斯一切智智亦除去一切諸煩惱之塵。世尊！假喻水界一切眾生依此生歡樂，如斯一切智智亦為諸天，世人利樂。』此說示譬喻

之五大只是自由地列舉與順序沒有關係，但依普通所謂地、水、火、風、空次第來說：以地大為一切萬物所依；水是清涼而去熱惱，賜與一切之歡樂；火燒一切之薪；風除一切塵；空離一切分別，無染無著等。不外以之象徵一切智智之體驗境地。」

「**如來為發大乘者說，為發最上乘者說。**」《金剛般若波羅蜜經注》云：「廣運無崖，謂之大乘；三乘之勝，謂之最上。自非其人，不謬說也。」這句是讚嘆此是最上乘法，為「發最上乘」之大智上根人說。「自非其人，不謬說也」者，小根智人若聞法，心不生信故。《密教思想與生活》說：「佛教之最上者，即隨時隨地當面活現各個境遇協調圍繞於周圍。雖以各個為立場，卻不被其所因。一切互相扶助拱，相依地為全一生命，充實莊嚴自己全一內容，其活現於一如之處，是為其主要綱目。」又說：「佛教要我們『窮化母之始物，極玄樞之妙用』，看清始物是從那裡出來，你若知道你就得道了。不是只看到外面，外面只是權方便。內證就是要看到這個。這個要如何看到？要到玄樞真微妙處才能去體悟到，若在不明瞭處去推測有錯誤的。若進入到了那個地方就是『廓虛宇於無疆，耀薩雲於幽燭』。心如薩雲幽燭，心和法界之量相同，入於無量無邊的心境。無有單位，生出薩般若（一切智智）；用一切智去照見微塵剎土，用五眼去看眾生的苦難，尋聲救苦。不論在任何地方都能內證化

他，在任何地方都沒有單位，坐禪就只是在坐禪；沒有單位，只是在救度眾生。你若有個單位在坐禪或在悟道，但不做救度眾生的事就變成阿羅漢。你若認為只是去做善事，心不壞就好，但這樣只能稱為善人。要把法理和化他的行為合併在一起才能成菩薩。這樣的工作達到圓滿時名佛，佛就是圓滿的覺悟者。」

「**若有人能受持讀誦，廣為人說，如來悉知是人，悉見是人，皆成就不可量、不可稱、無有邊、不可思議功德。**」《金剛般若波羅蜜經注》云：「人高道曠，唯佛見之。」《肇論講記》說：「真如又名如來，經中言說如來就是在說真如本性的意思。佛就是指智。世尊就是指釋迦佛。在《金剛經》裡面有這些稱呼。薄伽梵，世尊，是指尊勝的尊者、聖智，經文開始時都是這樣稱呼。佛有十號，有理，有智，有理智聯合的，所以佛的稱謂不同。一般人都說如來就是佛，但意義是不同的。」凡有人「能受持讀誦，廣為人說」這本《金剛經》，這其實已經是「真如本性」的事實了，所以不生不滅！《密教思想與生活》說：「**大日如來乃是久遠劫前，不斷地創造再加創造，積聚而又聚集，以過去之輝煌功德行蹟為基本，更伸及未來**；活現一切於過去，積聚盡未來劫之一切功德行蹟的當體故也。」「**能受持讀誦，廣為人說**」是「**真如本性**」的事實了，就是「**久遠劫前，不斷地創造再加創造，積聚而又聚集**」、是「**以過去之輝煌功**

德行蹟為基本，更伸及未來」了！《肇論講記》說：「你既已進入大日如來的本體，本來法界體性是空，性空則諸法不起，起是假起，滅是假滅，不是有生出諸法。」又說：「**凡夫是以相、用來看，故有生滅。聖人是以體來看，所以不生不滅。**」又說：「所以住在那裡（大日如來的本體），知道就好，不要再去認為我現在已證到了什麼程度，是第幾禪，第幾色，或證到什麼？**本來如此，一項而已。**」

「**如是人等，則為荷擔如來阿耨多羅三藐三菩提。何以故？須菩提！若樂小法者，著我見、人見、眾生見、壽者見，則於此經，不能聽受讀誦、為人解說。**」《金剛般若波羅蜜經注》云：「何故人能荷擔耶？心虛解曠，道軍必強也。」人能「荷擔如來阿耨多羅三藐三菩提」，才是正法之活路，佛佛相傳之道。《密教思想與生活》說：「（大師）奏請賜高野山之地為修禪道場章有下文：『我朝之高山峻嶺，乏四禪之客，幽藪窮巖，入定之賓稀，此禪教未傳者，住處不相應所致也。』」這樂小法者「著我見、人見、眾生見、壽者見」，就是「住處不相應」而「此禪教未傳」者，故「則於此經，不能聽受讀誦、為人解說」。

「**須菩提！在在處處，若有此經，一切世間、天、人、阿修羅，所應供養；當知此處，則為是塔，皆應恭敬，作禮圍繞，以諸華香而散其處。**」《金剛般若波羅蜜經

注》云：「地是無知，法處故貴。道在於人，而不尊乎？」**佛教是主張不二法門的，不是二元論，所謂「一切世間、天、人、阿修羅，所應供養」，無非在把「如來善護念諸菩薩，善付囑諸菩薩」的精神具體化地表現出來。**除通過此「一切世間、天、人、阿修羅，所應供養」的比喻外，沒有其他方法表現「我們就是大日如來，藏在大日如來裡」。

《肇論講記》説：「大日如來，就是我們本身；我們就是大日如來，這『整個』都是我們，整個也就是佛。大日如來就像是身體，我們就像是一隻手指或一根頭髮，是分出來的，若組成後就是整個大日如來的身體，所以大日如來也要靠我這一根頭髮才能組成，缺一不可。……**你應該把你當作是大日如來，藏在大日如來裡，此即是藏天下於天下，亦即無所遁形。你知道你就是大日如來，藏於大日如來裡故無所從去，無所從來，這樣你就不用躲了。**你若認為去西方就能躲藏得住，但哪裡才是西方世界呢？這根本是昧者不覺，有利者歸之而處。你若想真正能永生，真正的成佛，就別躲，不用躲，應該歸於天下「度」，當下放置於天下。你藏於大日如來，你就是佛了，當體就是，不用去躲、也不用修了。如此的去工作，因為你不工作，眾生就會餓死。**你本身是大日如來，所以你工作也就是大日如來在工作。**……佛教是主張不二法門的，不是二元論，你們要注意！佛教不是靈魂論，而是業力論。要信靈魂論就去信別的宗教，佛教不是靈魂論，是業力論。我不騙你，不然你可再去問別的法師看

看是不是這樣？這一定要記住，否則學佛就會跟其他的宗教一樣。基督教、天主教說上帝創造了我們，其實沒有誰在創造，都是自己造的；是無處遁，無處藏，本來如此，本不生的。**你若明瞭了本不生，你就入了法界體性；若你能工作，你就是普賢行，那你就成佛了**。各位有空時，不妨對此原理思考思考，研究研究。但不是思考一次就能知道答案的。以前有許多老前輩愈想愈不通，但有的想了一天就會通，通達時你會無限的快樂。」《肇論講記》又說：「此身、口、意三業，原是綜合代表十方一切諸佛的全一法身佛之『賜物』，我們以為是自己之物，其實是大日法身佛之『寄存物』者。因此，**莫將這身、口、意業認為是己有而亂使用，應為奉獻法身佛的秘密莊嚴聖業才能動用的**。」又說：「世人為戀、為財、為名譽，而犧牲身命者實不少，這些決非有意義之捨身真精神的發揮者。這裏所謂捨身行，即是奉獻給全一的生命體之法身佛，而從事聖業的。而此法身佛之表現就是宇宙、國家、社會，吾人將生命奉獻給國家社會直即就是參與法身佛之聖業。」《密教思想與生活》說：「**參與其聖業的各人，都是從其各自之立場去活動的。這些參與聖業者之中，其活動功蹟有於社會上表面化，令人易見，被大眾稱譽者**。」這裡「令人易見，被大眾稱譽者」，也是「一切世間、天、人、阿修羅，所應供養」之一種供養。

能淨業障分第十六

「復次，須菩提！善男子、善女人，受持讀誦此經，若為人輕賤，是人先世罪業，應墮惡道，以今世人輕賤故，先世罪業則為消滅，當得阿耨多羅三藐三菩提。」

「須菩提！我念過去無量阿僧祇劫，於燃燈佛前，得值八百四千萬億那由他諸佛，悉皆供養承事，無空過者；若復有人，於後末世，能受持讀誦此經，所得功德，於我所供養諸佛功德，百分不及一，千萬億分、乃至算數譬喻所不能及。須菩提！若善男子、善女人，於後末世，有受持讀誦此經，所得功德，我若具說者，或有人聞，心則狂亂，狐疑不信。」

「須菩提！當知是經義不可思議，果報亦不可思議。」

「復次，須菩提！善男子、善女人，受持讀誦此經，若為人輕賤，是人先世罪業，應墮惡道，以今世人輕賤故，先世罪業則為消滅。」所謂「先世罪業則為消滅」，就是超越一切矛盾對立之境界。《金剛般若波羅蜜經注》云：「罪起由惑，福生於解，福解既積，宿殃滅矣。」《密教思想與生活》說：「把此矛盾對立為自己內容而活現，是

要適時、適地將當面的境地予以活現的。如處和平而行和平；處戰爭而行戰爭；處富貴而行富貴；處貧賤而行貧賤。於和平而有和平的氣息；戰爭而有戰爭的意義；乃至富貴、貧賤，都有其特有的本質。要能看出其特質、意義，味之、樂之，盡全力活現之，其包容之處，自然就會超越其矛盾對立之境界。」

「**當得阿耨多羅三藐三菩提。**」《金剛般若波羅蜜經注》云：「累滅解生，菩提可登也。」因此若能信修，不論男女皆人也，不管貴賤悉皆此器也。《密教思想與生活》說：「（弘法）大師說：『人法者，法爾也。何曾有其廢，機根絕絕也，正像何分。』言人、言法，其各個都是絕對的、無限的。沒有『機根』上下區別，亦無正、像、末之時分。從而其末法更沒有上根、下根之適與不適。亦無正法、像法有效驗，而末法之今日已無效驗之別。通正、像、末而互上、中、下一切機根，一切時、一切處、一切人，都能適然相應，此乃是真言密教也。因此『若能信修，不論男、女皆人也，不管貴、賤悉皆此器也。』又：『明暗無他，信修忽證。』」**以普通人來說，無論什麼程度或階級，若果「受持讀誦此經」，其人即能相應沐其教益了。上根、下根不是固定不變的，可以依種種之因緣、教養、修養，而次第進展向上的。**起初如只是以「受持讀誦此經」結緣之一般信者，若能不斷地依次第加強其信仰，深入體驗，進其堂奧，也可以

達到能化地位的「得阿耨多羅三藐三菩提」者。所謂上根、中根、或下根，依其入堂奧之「得阿耨多羅三藐三菩提」結果來判定。所以，上根者，是指完全入其堂奧者。未達到最上階層便停止於某程度者，即稱之為中根或下根。由此，〈能淨業障分〉在論點上，與其他宗教之比較，自有其秘奧、深廣、最勝之不同。

「須菩提！我念過去無量阿僧祇劫，於燃燈佛前，得值八百四千萬億那由他諸佛，悉皆供養承事，無空過者；若復有人，於後末世，能受持讀誦此經，所得功德，於我所供養諸佛功德，百分不及一，千萬億分、乃至算數譬喻所不能及。須菩提！若善男子、善女人，於後末世，有受持讀誦此經，所得功德，我若具說者，或有人聞，心則狂亂，狐疑不信。」此段教吾等要脫離此小而可哀的小我，藉「受持讀誦此經」可以肯定所得功德「秘密莊嚴，不可思議，未曾有」。《金剛般若經疏》云：「心限則福少意，曠則功德多。」《金剛般若波羅蜜經注》云：「解通人曠，德必無崖，狂亂不信，不足以明道。」《密教思想與生活》說：「脫離此小而可哀的小我，悠遊於天地間充實莊嚴全一的內容，奉獻自己之一切而供養。」就是要燃燒自己之全生命，剎那剎那去充實「受持讀誦此經」才有幸福之感受了。如蠟燭燃燒了自己，以此「受持讀誦此經」光明照耀他物之一切，此處才有發揮自力之隱力，完成他物之價值

存在。**自不燃、不成光；無此光、他不亮，亦是「受持讀誦此經」之價值與幸福之真意義。**無論怎樣都不得忘記「受持讀誦此經」，晃晃輝輝的灼火由布教者之心燃起，傳遞「能淨業障」精神，穿破各個被遮蔽的心靈，令其得到光明成就全一。如此即是人出生於世間之各個使命，也才能活得更加有意義了。

「須菩提！當知是經義不可思議，果報亦不可思議。」
《金剛般若經疏》云：「萬行淵深，義能誰測。」《金剛般若波羅蜜經注》云：「菩提妙果，豈有心之所議。」《密教思想與生活》說：「無論如何，都要從近處起，依人、依地、依境去表現來充實教化。一個具有充實體證內容，而燃燒密教精神者，何時何處都盈溢着教化機會。其具現上，無處不是大光明遍照之地，無一非全一的大日如來法身，到處都是真佛君臨之所。」又說：「依各個所負之使命，去充實莊嚴真我之內容。善無畏三藏云『秘密莊嚴，不可思議，未曾有』是也。」

究竟無我分第十七

爾時,須菩提白佛言:「世尊!善男子、善女人,發阿耨多羅三藐三菩提心,云何應住?云何降伏其心?」

佛告須菩提:「善男子、善女人,發阿耨多羅三藐三菩提者,當生如是心:『我應滅度一切眾生。滅度一切眾生已,而無有一眾生實滅度者。』何以故?若菩薩有我相、人相、眾生相、壽者相,則非菩薩。所以者何?須菩提!實無有法,發阿耨多羅三藐三菩提者。」

「須菩提!於意云何?如來於燃燈佛所,有法得阿耨多羅三藐三菩提不?」

「不也,世尊!如我解佛所說義,佛於燃燈佛所,無有法得阿耨多羅三藐三菩提。」

佛言:「如是,如是。須菩提!實無有法,如來得阿耨多羅三藐三菩提。須菩提!若有法如來得阿耨多羅三藐三菩提,燃燈佛則不與我授記:『汝於來世,當得作佛,號釋迦牟尼。』以實無有法,得阿耨多羅三藐三菩提,是故燃燈佛與我授記,作是言:『汝於來世,當

得作佛，號釋迦牟尼。』何以故？如來者，即諸法如義。」

「若有人言：如來得阿耨多羅三藐三菩提。須菩提！實無有法，佛得阿耨多羅三藐三菩提。須菩提！如來所得阿耨多羅三藐三菩提，於是中無實無虛。是故如來說：一切法皆是佛法。須菩提！所言一切法者，即非一切法，是故名一切法。」

「須菩提！譬如人身長大。」

須菩提言：「世尊！如來說：人身長大，則為非大身，是名大身。」

「須菩提！菩薩亦如是。若作是言：『我當滅度無量眾生』，則不名菩薩。何以故？須菩提！無有法名為菩薩。是故佛說：一切法無我、無人、無眾生、無壽者。須菩提！若菩薩作是言：『我當莊嚴佛土』，是不名菩薩。何以故？如來說：莊嚴佛土者，即非莊嚴，是名莊嚴。須菩提！若菩薩通達無我、法者，如來說名真是菩薩。」

昭明太子以「究竟無我」作為此分的題品。甚麼是「究竟無我」的秘密呢？宇宙的源頭是無形無相的，叫做真諦，這就是「究竟」義。《肇論講記》說：「宇宙的源頭是無形無相的，叫做真諦，真諦是無法看到的，可是聖人告訴我們一切諸法是真諦所變的，雖然發生出的名詞與形體是假的，然而性卻是真的。經由諸法去看到真諦，所以才有個真，真即般若；又有個假，假即諸法。形成了一個真與一個假，但本來宇宙就是一個，一般人以為我的身體是假，精神是真。我的身體會痛、會餓，有五臟六腑，七孔八竅。然我現在反觀回去，我的體也是性空的，你以你的心去觀你的身，就只是本來一個而已，但是一般人卻認為變成了兩個，成了二元。故他們在觀時，外面的境是境，我是我。所以佛教的教理便從六根、六識、六境界來對治，到最後仍是不可得。」不可得只因「無我」故，在這〈究竟無我分〉裡說得很透徹，在此我們將一步步說明。

《肇論講記》又說：「妙悟的人從真如本性來看，他不會以凡夫俗子的常情去看諸法的假相而被迷去，他能永遠在動中看到靜的，從形形色色中看到真如本性，真如本性就是佛性。佛性無相，無形，無色，無聲，無息，他變化出的法即是所生出的物。」佛性無相。佛性就是「無我相、無人相、無眾生相、無壽者相」；真如本性就是「無我相、無人相、無眾生相、無壽者相」。這「無我相、無人相」是「人無

我」；這「無眾生相、無壽者相」是「法無我」。佛性「究竟」，人法「無我」，故這分名為「究竟無我」。唯此「究竟無我」，才是圓滿的「佛知見」。

爾時，須菩提白佛言：「世尊！善男子、善女人，發阿耨多羅三藐三菩提心，云何應住？云何降伏其心？」從《金剛經》上半部（第一分至第十六分）說「應云何住」，到下半部（第十七分至第三十二分）這裡說「云何應住」，當中有何修行秘密在？《大日經 住心品》云：「從因至果，皆以無所住而住（生）其心。」故知從「應云何住」到「云何應住」，目光落處是「因地」至「果地」、是從「修」到「證」的問題。菩薩修行乃由「應云何住」之「應該（信解）」，不斷以「無所住（無住法身、如來）」之一念，加持自身成佛，直到「云何應住」所說之瑜伽「相應」成佛。「佛唯說一乘」，除了不斷以一念加持自身成佛，佛行實在是沒有其他的方法的。

佛告須菩提：「善男子、善女人，發阿耨多羅三藐三菩提者，當生如是心：『我應滅度一切眾生。滅度一切眾生已，而無有一眾生實滅度者。』」佛說：「善男子、善女人，發阿耨多羅三藐三菩提者，當生如是心：『我應滅度一切眾生。滅度一切眾生已，而無有一眾生實滅度者。』」**我們相應並以佛悟到的眼光入到中心涅槃體再看出來，一切**

眾生就個個都是如來，也是諸佛。以涅槃體處看一切諸佛，全部都滅盡了，沒有一個不滅盡的。因為本來是滅盡的，本來就是滅度的，佛才說「我應滅度一切眾生」。這「我應滅度一切眾生」裡的「應」字，亦即是「云何應住」的「應」字，所說是瑜伽「相應」義：我們相應並以佛悟到的眼光入到中心涅槃體再看出來，一切眾生就個個都是如來，也是諸佛。然而，若住於此「無餘涅槃」中即無法利益一切眾生，為饒益彼等眾生，我們相應生起「滅度一切眾生已，而無有一眾生實滅度者」之悟境去做「有餘涅槃」的恆常工作的佛之化身以降伏自心、清淨自身。而最終「我應滅度一切眾生。滅度一切眾生已，而無有一眾生實滅度者」，這說明白了，**此自證了在「無餘涅槃中去做有餘涅槃的工作；在有身有精神之下，住於涅槃中工作」，這就是「無住涅槃」。無住涅槃是「云何應住」所說之瑜伽「相應」成佛的真諦。**

「何以故？若菩薩有我相、人相、眾生相、壽者相，則非菩薩。」《金剛般若波羅蜜經注》云：「見我則非，忘我為是，既無我人，豈得有滅也。」《肇論講記》說：「聖人（菩薩）教化眾生時要機教相扣，因緣才能和合成熟。故教化眾生也要因緣，你的發心為因，對象為緣，因緣和合才能圓滿**無願之願，無願之願是無所得的，因為不想得才能得到大的果。**」《肇論講記》說：「是要在無餘涅槃中去做有餘涅槃的工作；在有身有精神之下，住於涅槃中工作，這才是

無住涅槃。空不是什麼都空了，是明朗的；例如剛才説的，我很清楚的住在空，我在街上行走，但看不到半個人，大地死寂，但這是不行的，而是要在『空無』、在『寂』中工作。」菩薩是在「空無」、在「寂」中工作，才能圓滿無願之願，無願之願是無所得的，何以故？《金剛經》説「若菩薩有我相、人相、眾生相、壽者相，則非菩薩」。

「所以者何？須菩提！實無有法，發阿耨多羅三藐三菩提者。」發阿耨多羅三藐三菩提，是指證道當時的心，即是道心。《金剛般若波羅蜜經注》云：「所以有我相則非菩薩者何？我、法，則我能發心。無發心者，故知無我。計我為惑，故非菩薩也。無發心者，即行人空也。」《肇論講記》説：「《心經》説：『以無所得故，得阿耨多羅三藐三菩提。』若有所得就會變成什麼？就會變成我們，我們就是有所得，聖人（菩薩）則是無所得。」《心經》説「以無所得故，得阿耨多羅三藐三菩提」，《金剛經》説「實無有法，發阿耨多羅三藐三菩提者」，兩者是異曲同工。

「須菩提！於意云何？如來於燃燈佛所，有法得阿耨多羅三藐三菩提不？」「不也，世尊！如我解佛所説義，佛於燃燈佛所，無有法得阿耨多羅三藐三菩提。」《金剛般若波羅蜜經注》云：「引自昔得記之解，以證今記。」又云：「得記由於無相，無相之中，則無所得也。」《金剛

經宗通》云:「蓋然燈佛所說,但是語言。釋迦所聞,惟聞語言。語言從緣,緣無自性。言語所說,不取證法故。然所以得記者,但以自無分別智,證自無差別理。智與理冥,境與神會,**但一真實,更無枝葉,豈有所說所得耶!是知證法離言說相,故不可說;證法離心緣相,故不可取也。**」《肇論講記》說:「**其實到最終還是無所得,在無所得中才能安身立命,若有所得就未能安身立命。**」又說:「**我們這裡(佛於燃燈佛所),一進入就說無所得,把以前有所求,有所做的事情全部放捨,變成無所得,到了無所得時才能證得無上正等正覺(無有法得阿耨多羅三藐三菩提)。**你若有所得就有所礙,有所得就有所損,這是相對的。若無所得就無所損,因為道乃無為,你既然要悟道,就要悟到無為,證道就是要證無為,得道也是要得無為。一切的有為法如夢幻泡影,皆是有所得,那會阻礙你的行道。進入無所得的精神之後,就變成無我,達到無我的時候,我們的潛力——般若力就會發揮到無限的大。一般人的潛力發揮不到百分之二十,而他能發揮潛力的時機是因為什麼?是因為在急中珍惜他的寶貝故,他才能發揮出來。反過來,無所得的人所發的潛力就相反了。譬如一個人平時是搬不動電冰箱的,但火災來臨,他認為冰箱是寶貝,他一個人就能把冰箱搬出來,因為他的自私,有所得才發出了隱力,有所得所發出來的隱力都能這麼大了,那麼進入無所得再發出的隱力就更是無限了,要是認識了這個道理,學道才能更有進步。」**進入無所得再發出**

的隱力就更是無限了，這是「佛於燃燈佛所，無有法得阿耨多羅三藐三菩提」的象徵性。

佛言：「如是，如是。須菩提！實無有法，如來得阿耨多羅三藐三菩提。須菩提！若有法如來得阿耨多羅三藐三菩提，燃燈佛則不與我授記：『汝於來世，當得作佛，號釋迦牟尼。』以實無有法，得阿耨多羅三藐三菩提，是故燃燈佛與我授記，作是言：『汝於來世，當得作佛，號釋迦牟尼。』」《金剛般若波羅蜜經注》云：「若見有法，則乖菩提，何容得記？無法則會理，會理則向極，故得記也。」得到授記，以作傳道之依據，這是師資相承的學道動作。《肇論講記》說：「釋迦傳道時授錦蘭袈裟衣以為證據，迦葉受衣以作傳道之依據，這亦是學道，故禪宗單依師資相承外別無學道可言。真言宗家以灌頂作為師資相承，此外亦無傳法之別徑。這師資相承，都是真正的學道動作。」又說：「當你在做有形相的事（師資相承），而你的心卻放在無所得處，這樣無得就是有得的真名，你的心無所得，卻成就了真理。」

「何以故？如來者，即諸法如義。」《金剛般若波羅蜜經注》云：「何以故無法便得記耶？諸法性空，理無乖異，謂之為如；會如解極，故名如來。有相則違，無相則順，順必之極，故宜得記之也。」為何在做有形相的事（師資相

承）心卻放在無所得處呢？是因為「諸法如義」故。《肇論講記》說：「諸法實相即是空，諸法的發生就是有，有但不能永遠存在，故仍叫做性空。因為不能永遠存在，無時無刻在代謝，故無我。」又說：「諸法實性即是真如，真如即性空。然而真如本性現成諸法，諸法是真如變的，故法法全真。現在再看回來，諸法所幻化的東西，故不住。若看成實有，則非實有。但它是真如本性所變，故法法全真，一切現象都是真的。因為諸法性空，才能組織，性若不空就不能組織。組織即是緣生法，雖非實有，而原料卻是有。所以非有非無，非真非假。但要分清楚真假喔！故不要執相，相是假的，相是組織法，而原料是真的，所以假中有真，真的相是假的。因為『真』是無相，所以有相皆假。無相生有相，有相的源頭、資料、資糧，都是真如本性，都是真的，真的無相，故名性空，亦名法性。法性隨緣生萬物，真如即是法性。」

「若有人言：如來得阿耨多羅三藐三菩提。須菩提！實無有法，佛得阿耨多羅三藐三菩提。」《金剛般若波羅蜜經注》云：「若說有如來得菩提者，此俗間人語，非理中言也。佛，人也；菩提，道也。既無人法，誰得菩提乎？」釋迦牟尼佛於開悟後教化眾生，於講形形色色諸法的道理時會用「如來說」，講解有關精神方面便用「佛說」。所以，「如來」也表示物理道理，是生出諸法的原理，亦即《金剛

經》所云「如來者，即諸法如義」。釋迦牟尼佛於形形色色諸法的道理，是再無有所說法了，故《金剛經》云：「實無有法，佛得阿耨多羅三藐三菩提。」正如悟光上師於《肇論講記》也說：「《心經》說：『以無所得故，得阿耨多羅三藐三菩提。』若有所得就會變成什麼？就會變成我們，我們就是有所得，聖人（佛）則是無所得。……這樣就證到了佛果。證到佛果成佛了嗎？成佛了。成佛了嗎？未成佛。本來就是成著的，只是再還原回來。」

「須菩提！如來所得阿耨多羅三藐三菩提，於是中無實無虛。」《金剛般若波羅蜜經注》云：「菩提之中，不見是非。非實則無是，非虛無非也。」諸法是真如變的，故法法全真，於是中無虛；變的是緣生法、世間法，所以有相皆假，於是中無實。《肇論講記》說：「諸法實性即是真如，真如即性空。然而真如本性現成諸法，諸法是真如變的，故法法全真。現在再看回來，諸法所幻化的東西，故不住。若看成實有，則非實有（於是中無實）。但它是真如本性所變，故法法全真，一切現象都是真的（於是中無虛）。因為諸法性空，才能組織，性若不空就不能組織。組織即是緣生法（於是中無實），雖非實有，而原料卻是有（於是中無虛）。所以非有非無，非真非假。但要分清楚真假喔！故不要執相，相是假的，相是組織法，而原料是真的，所以假中有真，真的相是假的。因為「真」是無相，所以有相皆假

（於是中無實）。無相生有相，有相的源頭、資料、資糧，都是真如本性，都是真的（於是中無虛）。真的無相，故名性空，亦名法性。法性隨緣生萬物，真如即是法性。」又說：「『法性如是，故曰實相。』實相永遠常住不變（於是中無虛）；變的是緣生法、世間法（於是中無實）。緣生法是法性變的，法性全體是真如，故真如的相就是無相了。法性如如，是寂滅相，故曰實相。實相無相，無相的相是永遠有的，因為不知是叫「什麼原料的公司」，這「什麼原料的公司」能變出東西來就是了。無相變有相，有相轉回去變無相。有時組織有時散滅，所謂無不散的筵席。組織之後一定會分散，凡是緣生法一定都會滅，不生的才不會滅（於是中無實無虛）；有才會滅，非有則不滅。絕對的、不生不滅的實相是真如，真如即名實相。」

「是故如來說：一切法皆是佛法。」《金剛般若波羅蜜經注》云：「凡夫以違一切法理為邪；聖人以順一切法理為正。正則覺悟一切法皆佛法者矣。」「如來」表示原理，是生出諸法的原理。所以「如來說」的是象徵聖人在說生出諸法的原理，故說「聖人以順一切法理（諸法的原理）為正（觀）」。《肇論講記》說：「**如來表示原理，是生出諸法的原理。形形色色的諸法都是如來相，每一個法都是如來德相，功德俱備，一項無缺，功德齊全，俱足六大。**六大是大約而說的，其實裡面有無限多的元素，大部的分類是六大，

儘管再小的東西都是俱足六大，大的亦然，大小一樣，你若能悟到這個道理：在未成為物之前的原理就是有很多空性的元素，這很多空性的原料依因緣所生法生出諸法，故諸法亦是空性。」你只要直接看諸法本來無缺，功德齊全，俱足六大，把這個「本來無缺」直接拿來用就好了，這就是正觀。

《肇論講記》說：「因為眾生的根器不同，其心滯礙，不能看到本性，不能看到自己的錯誤，如來便依各人的環境、知識及時代種種去引導他。」又說：「**你認為現象是有的，那是諸法。『佛』若是有的，亦是諸法。『如來』若是有的，亦是諸法。那些法應該是無話說的**，在未成諸法以前，那個空洞的裡面有元素（俱足六大），未成諸法的元素名為『如來』。若你瞭解了那個功能，並與它同等，名佛。」正觀，是覺悟「在未成諸法以前，那個空洞的裡面有元素，未成諸法的元素名為『如來』」，是瞭解「每一個法都是如來德相，功德俱備，一項無缺，功德齊全，俱足六大」那個功能，故說「一切法皆佛法」。

「**須菩提！所言一切法者，即非一切法，是故名一切法。**」《金剛般若波羅蜜經注》云：「一切法以何為理，而言皆佛法耶？諸法緣假，自性皆無，會而解者，名得一切法理，為悟佛法矣。」所謂「一切法皆佛法」，是說佛法無一定法，佛相無一定相，佛心無一定心。佛是什麼形？**佛具一切形（所言一切法）者，而又無形（即非一切法），無形又**

具一切形（**是故名一切法**）。《肇論講記》說：「見佛就是你已經見到你的心，瞭解到宇宙的道理。佛不可以相見，不可以音聲見，若以音聲形色見如來，是人行邪道，不能見如來。這表示你沒有悟到宇宙的本性，你不能見到佛。佛是什麼形？佛具一切形而又無形，無形又具一切形。若說畫的佛就是佛，那麼甲畫的與乙畫的就不一樣了，佛若只有一個，那麼佛怎麼不相同？畫起來就應該一樣，相要用照相機照才會一樣，若用畫的，十個人十個人都不一樣。所以哪一個才是佛？真正的佛在此（心），其它的畫都是假的，都不一樣。所以佛無一定相，如來無一定相。」

「須菩提！譬如人身長大。」須菩提言：「世尊！如來說：人身長大，則為非大身，是名大身。」《金剛般若波羅蜜經注》云：「直舉人身，類上諸法，緣假故長大，無性則非身。」《密教思想與生活》說：「**這宇宙大生命的真我，為了自己的完全活現，即一如地活現所有的一切，來充實自己的內容，這就是天地萬有、森羅萬象的當體。其內容中的一事一物，都存在有真我的溫血流動著，無一物不具真我生命的脈動。這一切都是大我生命的實相，是絕對者，亦是法身佛之功德相。**」因於個我為中心之孤立獨存的自我，任意胡為，就變成悲哀的迷妄人。要活現宇宙大生命的真我精神的人，應將個我為中心的「看法」、「感度」、「思想」重新反省，體認真我是什麼，然後以一切為自己之

內容，活現於「全一」。《密教思想與生活》説：「山光水色、大地一切，無一不是自己充實而又莊嚴的内容（人身長大）。所謂『山河大地法王身，溪聲鳥語廣長舌』，即此也；一色一番（則為非大身），都是由各個的立場，去發揮活現所負之使命；無論何物，都是構成永遠不滅的窣婆世界中的分子，同時也是聖的佛體（是名大身）之功德聚。」

「須菩提！菩薩亦如是。若作是言：『我當滅度無量眾生』，則不名菩薩。」《金剛般若波羅蜜經注》云：「合譬也，元無眾生，而橫見眾生，猶無身而見身耳！見則乖道，非菩薩者也。」我們的觀念認為有佛、有眾生，有「我當滅度無量眾生」，這些種種的觀念都要沒入到一真：我們若能進入真理看，這宇宙大生命的真我就是我們本身。《肇論講記》説：「整個大宇宙的體 — 大日如來，就是我們本身；我們就是大日如來，這『整個』都是我們，整個也就是佛。」又説：「你（整個大宇宙的體）成佛了，故無眾生可度，無一眾生可度而去度眾生，不度生而度生，度生而不度生；不執著有度沒度，有沒有度完全不執。」又説：「大日如來就像是身體，我們就像是一隻手指或一根頭髮，是分出來的，若組成後就是整個大日如來的身體，所以大日如來也要靠我這一根頭髮才能組成，缺一不可。若你故意想要捨掉它是捨不掉的，甚至你死了要把身體捨掉也是不可能的，因為在整個的宇宙裡，你是其中的一份子，屍體要丟到哪裡

呢？無處可丟。孫悟空跳不出如來的五指山，即是指我們也是永遠的在如來地水火風空的範圍裡，任何人都無法跳脫出去，因為你就是這裡的本身；你永遠都在這裡，大日如來也在這裡，你的身體要丟棄掉是不可能的，若問你要藏到哪裡？**你應該把你當作是大日如來，藏在大日如來裡，此即是藏天下於天下，亦即無所遁形。你知道你就是大日如來，藏於大日如來裡故無所從去，無所從來，這樣你就不用躲了。**你若認為去西方就能躲藏得住，但哪裡才是西方世界呢？這根本是昧者不覺，有利者歸之而處。**你若想真正能永生，真正的成佛，就別躲，不用躲，應該歸於天下『度』，當下放置於天下。你藏於大日如來，你就是佛了，當體就是，不用去躲、也不用修了。如此的去工作，因為你不工作，眾生就會餓死。你本身是大日如來，所以你工作也就是大日如來在工作。」**又說：「**佛教不是靈魂論，而是業力論。要信靈魂論就去信別的宗教，佛教不是靈魂論，是業力論。**我不騙你，不然你可再去問別的法師看看是不是這樣？這一定要記住，否則學佛就會跟其他的宗教一樣。基督教、天主教說上帝創造了我們，其實沒有誰在創造，都是自己造的；**是無處遁，無處藏，本來如此，本不生的。你若明瞭了本不生，你就入了法界體性；若你能工作，你就是普賢行，那你就成佛了。」**你（整個大宇宙的體）成佛了，故無眾生可度，所以僧肇於《金剛般若波羅蜜經注》說：「見（有眾生可度）則乖道，非菩薩者也。」無一眾生可度而去度眾生，你就是普

賢行。不度生而度生，度生而不度生；不執著有度沒度，有沒有度完全不執，這就是《金剛經》所說「若作是言：『我當滅度無量眾生』，則不名菩薩」之妙趣。

「何以故？須菩提！無有法名為菩薩。是故佛說：一切法無我、無人、無眾生、無壽者。」《金剛般若波羅蜜經注》說：「菩薩自無，何有眾生？收結上義也。以無菩薩，亦無眾生，一切法都無我人也。」形形色色的諸法都是如來相，每一個法都是如來德相，功德俱備，一項無缺，功德齊全，俱足六大，則無一眾生可度而去度眾生（無有法），你就是菩薩行（名為菩薩）。菩薩已瞭解「不度生而度生，度生而不度生」之道理，並活用道理，不執著有度沒度，有沒有度完全不執，故《金剛經》說「無有法名為菩薩」。《肇論講記》亦說：「菩薩證入無為（諸法都是如來相），瞭解空，但他不捨萬行的工作，入了『空』門而不捨有，做『有』的工作，這就叫『常而不住』。『常』是不動。『不住』是動，『常而不住』是處於『空』而生出『有』，處生死而不住涅槃，是處生死流轉中而不證涅槃。不用證涅槃，他不被『空』執住。」菩薩處生死流轉中而不證涅槃，故說「無有法名為菩薩」。以無菩薩，亦無眾生，一切法都無我人也，故《肇論講記》說：「從形形色色中看到真如本性，真如本性就是佛性。佛性無相，無形，無色，無聲，無息，他變化出的法即是所生出的物。」佛性無相。佛性就是「無

我相、無人相、無眾生相、無壽者相」；真如本性就是「無我相、無人相、無眾生相、無壽者相」。

「須菩提！若菩薩作是言：『我當莊嚴佛土』，是不名菩薩。」《金剛般若波羅蜜經注》說：「若言我能莊嚴國土，眾生可化，見惑違道，何名菩薩之耳！」世界是無限莊嚴的一種世界，看到諸法不好就是你的心不好，所以《金剛經》才說：「若菩薩作是言：『我當莊嚴佛土』，是不名菩薩。」《肇論講記》說：「**你應要知道此身（宇宙大生命的真我一如地活現所有的一切）即是真如本性所現出的妙有，是無限莊嚴的一種世界，此身是無限莊嚴的！**你不要認為它有實性，它是本性所變化的無盡莊嚴世界，故不能滅也不可滅。無限莊嚴的一種世界，此身是無限莊嚴的！你不要認為它有實性，它是本性所變化的無盡莊嚴世界，故不能滅也不可滅。」

「何以故？如來說：莊嚴佛土者，即非莊嚴，是名莊嚴。」「如來」表示原理，是生出諸法的原理。所以「如來說」的是象徵聖人在說生出諸法的原理：「莊嚴佛土者，即非莊嚴，是名莊嚴」。**事事物物皆是真如本性所現出的妙有，是無限莊嚴的一種世界，此身（宇宙大生命的真我一如地活現所有的一切）是無限莊嚴的，故不應存有「我當莊嚴佛土」之謬誤觀念。**《密教思想與生活》說：「事事物物

皆具有『生』其物的佛陀聖體，但這並非理上的抽象東西，而是指常恆活潑地照育一切、活見一切的靈體，貫天地而互相感應道交的靈體佛格。」又說：「因『生』其物的佛陀聖體所放射的靈光，不斷地加被光照各個眾生，而眾生能任持把握當處，才能顯現了感應道交之不可思議境界。以這加持感應之不可思議境的體驗修養為背景，而更進入『行』之世界中。而後以此行者之個體為基點，廣為社會民眾的一切服務，進而更為自己內容的一切萬物之充實與莊嚴去行動。」**何以說「莊嚴佛土者，即非莊嚴，是名莊嚴」呢？事事物物皆具有「生」其物的佛陀聖體，故不應存有「心外求佛」、「實有佛可見」之謬誤觀念，故說「莊嚴佛土者，即非莊嚴」。而後能任持把握當處，才能顯現了感應道交之不可思議境界；以這感應之不可思議境的體驗修養為背景，而更進入「行」之世界中，以此行者之個體為基點，為社會民眾的一切服務，進而更為自己內容的一切萬物之充實與莊嚴去行動，故說「是名莊嚴」。**

「須菩提！若菩薩通達無我、法者，如來說名真是菩薩。」《金剛般若波羅蜜經注》說：「解通非偽，真菩薩也。」形形色色的諸法都是如來相（無我），則無一眾生可度而去度眾生（無法），解通「無我、無法」此諸法的原理非偽，你就是真菩薩（如來說名真是菩薩）。《密教思想與生活》說：「宇宙萬物盡是法身佛全一的內容，心者佛之靈

禮，行為即是佛之妙用。靈肉一如，色心不二，物我一體，悟此水冰一如，生佛不二之理趣；化魚為龍不易其鱗，轉凡成聖不改其面，即為密（佛）教之指歸也。然人人皆因於個我，不知個我即大我之細胞，終日鑽營，以致沉迷苦海。若能依密（佛）教之精神，衝破自私之藩籬，伸展於社會人群（若菩薩通達無我、法者），在充實自己的同時，去莊嚴全一之內容，則我們當體即是佛了（如來說名真是菩薩）。」

一體同觀分第十八

「須菩提！於意云何？如來有肉眼不？」

「如是，世尊！如來有肉眼。」

「須菩提！於意云何？如來有天眼不？」

「如是，世尊！如來有天眼。」

「須菩提！於意云何？如來有慧眼不？」

「如是，世尊！如來有慧眼。」

「須菩提！於意云何？如來有法眼不？」

「如是，世尊！如來有法眼。」

「須菩提！於意云何？如來有佛眼不？」

「如是，世尊！如來有佛眼。」

「須菩提！於意云何？恒河中所有沙，佛說是沙不？」

「如是，世尊！如來說是沙。」

「須菩提！於意云何？如一恒河中所有沙，有如是沙等恒河，是諸恒河所有沙數，佛世界如是，寧為多不？」

「甚多，世尊！」

佛告須菩提：「爾所國土中，所有眾生，若干種心，如來悉知。何以故？如來說諸心，皆為非心，是名為心。所以者何？須菩提！過去心不可得，現在心不可得，未來心不可得。」

「須菩提！於意云何？如來有肉眼不？」「如是，世尊！如來有肉眼。」「須菩提！於意云何？如來有天眼不？」「如是，世尊！如來有天眼。」「須菩提！於意云何？如來有慧眼不？」「如是，世尊！如來有慧眼。」「須菩提！於意云何？如來有法眼不？」「如是，世尊！如來有法眼。」「須菩提！於意云何？如來有佛眼不？」「如是，世尊！如來有佛眼。」《肇論講記》亦說：「《法華經》說三界中一物四相，譬如恆河的水，人看是水，天人看是琉璃，魚看是宮殿，餓鬼看是血河，一物四相，因業力不同，觀感的角度則不同。**我們普通人只是肉眼，修行後就有個虛空眼能看到實相，甚至有個天眼、法眼、慧眼和佛眼，一步一步的看到法界的事物、你內心的感想、感受及看法就會有不同的轉變。修到諸法清淨，就得到天眼。你看到諸法平等，就得到法眼。你對一切諸法洞徹其中的理，一切諸法平等，你就得到慧眼。你二死永斷，成就五分法身，沒了煩惱，你有戒、定、慧、解脫、解**

脱知見；一切諸法無所住並去運用，去運作佛的事業，救度眾生，覺得所住之處都是寶貝，一切的一切都是佛的道場，這樣就得到了佛眼。所以動和不動只是凡夫所看的，凡夫看在動，聖人看則不動。」又說：「五眼者，肉眼、天眼、慧眼、法眼、佛眼也。但今之佛眼是通五眼。譬如閻浮提四大河入大海同一味，今四眼亦入佛眼一種也。梵語『沒馱（佛）拏寫尼（眼）』，此為佛眼，或云金剛吉祥，或云虛空眼，或云一切佛母。」既說一切眾生皆有佛眼，又說四眼亦入佛眼一種，則一切眾生都可以與在諸法當中的「無我相、無人相、無眾生相、無壽者相」的真如本性相聯結。達到了這樣的聯結，也就進入了佛說「一切法無我、無人、無眾生、無壽者」的「佛知見」狀態。

「須菩提，於意云何？如恒河中所有沙，佛說是沙不？」「如是，世尊！如來說是沙。」「須菩提！於意云何？如一恒河中所有沙，有如是沙等恒河，是諸恒河所有沙數，佛世界如是，寧為多不？」「甚多，世尊！」佛告須菩提：「爾所國土中，所有眾生，若干種心，如來悉知。」《金剛般若波羅蜜經注》說：「五眼照極，理無不周；略舉色心，於境盡矣。心從緣起，識了多端，故若干種也。」《肇論講記》說：「土（爾所國土）都是土（佛國土），真理都是真理（五眼照極，理無不周），並沒有眾生（所有眾生，若干種心）和佛之差別，我亦復

如是。自己、眾生、佛，只是精神境界的差別看法而已，故心、佛、眾生三無差別。」心、佛、眾生三無差別，即是「一切法無我、無人、無眾生、無壽者」，我們即與道合。故《肇論講記》亦說：「我們把精神放大，身體放大，不要局限於個人的範圍內。把心量放寬如法海，無所不至的大，無所不至遍一切處，這樣到處不就都是你的菩提道場了嗎？『天作帳，地作蓆。』你的身體若放大到與宇宙一樣大的話，天帳恐怕就會被你踢破。若這樣，到處不都是你的家？到處不都是你的修行道場？那時一切處的事你都能知道。例如，有一隻蚊子在叮我們身上的某一處我都知道一樣。你的身體若放大像宇宙，一切的一切，就都是你的佛事了，你就與道合了，這就隨緣赴感無不週了，就到處都能徹見。住此菩提心，到處而行，到處都是你的道場。」既說一切眾生皆有佛眼，又說四眼亦入佛眼一種，則一切眾生都可以與在諸法當中的真如本性相聯結。我們若不能知道真如本性的道理，把身體放大到與宇宙一樣大，不能「五眼照極，理無不周」，要成道也就遙遙無期。

「何以故？如來說諸心，皆為非心，是名為心。」《金剛經》內有「佛說」，這是指精神；有「如來說」，是指物理。這裡「如來說諸心」，就是說宇宙之物理性的「以法界為體」背後有著精神性的「以虛空為佛心」之心；物理「身遍剎塵」則精神便是「心等太虛」之心。「皆為非心」

者，就是說既以所有一切為「如來」法身之內容，即「真我」實乃含藏著無量無數之一切身心。「是名為心」者，就是體證了「身遍剎塵，心等太虛」的心，此心又名「秘密莊嚴心」。《密教思想與生活》說：「大日如來就是貫天地的『生』其物當體的聖體。故以一切萬物為自己之內容，為生成莊嚴，而呈現一切相遍滿虛空。**為說明此『生』當體的大日如來，（弘法）大師說『以法界為體，以虛空為佛心』，又『身遍剎塵，心等太虛』。**」《密教思想與生活》說：「**當體的大日如來，以所有一切為自己身心之內容，時時刻刻化為永遠地活現著，並對所有物都予以發揮至上的價值。**聖愛當體的體現者，就是這樣地，在永恆的無限時空中為育成一切、莊嚴一切，不斷地自由創造著。」《密教思想與生活》說：「**天地萬有一事一物寓寄一切之心，無一不是『生』當體之心的展開者。如能達觀所有一切物，皆為真我之內容，而安住於此，即大師所謂『秘密莊嚴心』。**『秘密莊嚴心』就是究竟覺知自心底源，如實證悟自身之數量。此處言自身、自心者，都是指『生』當體真我的身心。這『真我』不論從『色身』或『精神』上來看，都是具足無量無數的。悟此無量無數的『真我』身心之一切，就是體證了秘密莊嚴世界。所以又說：『如斯究竟知身心，此即證秘密莊嚴之住處。』如此，所有一切每一個體都是『全一』真我之活現。其『全一』之『生』當體，必然通過個體而榮生之，當處便具有至大的妙用。」又說：「可是『生』當體的全一，

是通過個體而活現的。因為通過個體『全一』才能活現，所以個體之使命是極其重要的，非各自努力奮發去活現其『全一』不可。如同肉體中之每個細胞都有溫血在流通著一樣，天地間之所有一切，一一都是脈動著『全一』之力。這種徧宇宙全一之力，加以集約凝縮之，就是各個體之個性。這『個性』為全一之力也好，個性自『生』之力也好，都是同一之物，亦即個體全一之力，當體即是個體自己活現的自由力。」**因此，天地間所有一切千差萬別的個體，由各自之立場，以「全一」之「生」為其背景，代表全一，而建立各自特殊的自由世界，非這樣是不能實現「自性」之內容的。這於密教謂：「各個自建立，各個守自性。」所以這個世界的一事一物都各自建立了獨特的世界。無論多麼類似的事物，在特質上是絕不會相同的。然迥然不同的事物，也以各不相同的立場，共同地活現於全一之「生」中。又「全一」的內容中，也是由內容之一切以各自不同的立場，來充實活現而完成其莊嚴之使命。**所以《密教思想與生活》說：「以草木為例，如櫻花或梅花，無論怎樣地美麗，活現於全一。其美亦只限於櫻是櫻、梅是梅，各自固守著其獨有特殊之世界，決不逾越侵犯了他花之絕對性。一色一花都是一物一職，依各個的立場完成自己所負的使命。依各個所負之使命，去充實莊嚴真我之內容。」

「所以者何？須菩提！過去心不可得，現在心不可得，

未來心不可得。」《金剛般若波羅蜜經注》說：「所以說非心名心者何？以三世心無性可得，故可從緣而生心。」**其實體證「身遍剎塵，心等太虛」之真我的心是超越生死的。過去、未來的時間觀念，只有在真我當體內容中之一切個體相對待時才有。**《密教思想與生活》說：「『全一』當體真我的內容之細胞（各個所有一切物），亦都是依各個的立場去完成所負的使命。完成之後，次位者取其地位而代之，如此次第交替，新陳代謝，形成『全一』其物的內容。有如前水與後水而成長流；前燄與後燄而成火焰一般，此就是全一『真我』的活現之道。吾人未曾悟知不滅之『全一』的『生』之實相，而偏執於細胞的個體；不知大局真相，所以造成了你爭我奪的人生。又常說：『反正早晚都是要死的，在未死前為所欲為，盡情享受。』因而出現了享樂主義。又云：『浮世如夢，命如蜉蝣，不如寄身酒綠燈紅歌舞繁華中。』空過了寶貴的一剎那，這都是不知『全一』的『生』之實相的緣故。」**從「全一」的立場看，前水與後水長流不斷而成為「一流」永無盡處；月時盈時虧，無常也，但其為月今昔不變，常也。**《密教思想與生活》又說：「**其實『生』當體之真我是超越生死的。過去、未來的時間觀念，只有在『生』當體內容中之個體相對待時才有**。吾人在全的生命活現中，一意生活的瞬間，絕無生滅與過去未來的觀念。如在觀賞藝術品或其他珍品，貫注精神的瞬間都是如此。反之，思惟遷變，化成種種對立，所以於思考、反省、

分析時，才會有生滅、過去、未來之時間觀念。」所謂「過去心不可得，現在心不可得，未來心不可得」，是強調這「生」之當體的大日如來，是超越時間性，「越三時的如來之日」。《密教思想與生活》引用《大日經疏》說：「**世間時分，雖有過去、現在、未來，長短、劫量等種種不同，然以淨眼觀察，則三際了不可得，是無始終，無去來。此實相之日，圓明常住，湛然如虛空，沒有時分長短之異。**」又說：「這超越時間無始無終的『生』之當體，以客觀加以觀察，不知始自哪一悠遠時代，就一直相續活現於外境，而常住不斷，陸續地創出新的現實，向前邁進永無止處。**現在所立足之『生』當體其物之當下『一瞬』，都是聚集了自己以往的一切經驗，同時又向未來展開了一切，實是貫三世的永遠之一瞬也。『生』當體其物是常恆而活現於現在的。**言過去未來，只是以現在為基點去反省分析，而假立的抽象觀念而已。**如感悟到以往的種種，這是思考『過去』的『現在』，想到未來的種種，也是計劃『未來』的『現在』，這些都是現在的一念內容而已，其實並沒有過去、未來。**『生』當體其物是現在的永遠持續，過去是現在之足跡，未來是現在的預想。其『常恆三世之一切時』，亦不外是指超越反省、分析之常恆現在。**吾人如果把握到這常恆之現在的信念，以此為立足點，去完成自己所負的使命，去活現充實尊貴的『現在之一瞬』，就可以超越生死，把握徹底的「生存力」，同時也能把握並歡喜接受『死亡之力』。**孔子

云：『朝聞道，夕死可矣。』佛說：『若人生百歲，不解生滅法，不如生一日，而得了解之。』都是透露了這個消息，勸世人不以長生為能事。重量不如重質，而應該以充實現在之一瞬去活現為要。」**不論紅顏、少年，不覺之間就變成白髮老人了。人生順逆際遇雖然無奈，然若能轉眼間著立於「全一」之上，就得超越對立，就能活現於常恆的現在，當下就可消除不安煩惱，而享受寂靜平和的境地。所謂「過去心不可得，現在心不可得，未來心不可得」者，是能充實常恆的現在，而活現於永遠的覺者；是能以消除對立觀念，不溺於妄執，敢開心塔之扉，活現永遠之一瞬，以充實常恆的現在，「生滅滅已，寂滅為樂」即是；是不將尊貴的「現在之一瞬」虛擲於一己的享樂，要為全人類、社會、國家的福祉，廣大地去活現真我。這些都是體悟了「以法界為體，以虛空為佛心」精神，充實了常恆「現在之一瞬」，活現了「全一」的結果。**

法界通化分第十九

「須菩提！於意云何？若有人滿三千大千世界七寶以用布施。是人以是因緣，得福多不？」

「如是，世尊！此人以是因緣，得福甚多。」

「須菩提！若福德有實，如來不說得福德多；以福德無故，如來說得福德多。」

昭明太子以「法界通化」作為此分的題品，這是劃龍點睛。「法界」者，是宇宙大生命的「真我」，是「天地萬有，森羅萬象的當體」。這宇宙大生命的真我，為了完全活現天地萬有、森羅萬象的當體，即一如地活現所有的一切來充實自己的內容。「通」者，是說「這一切都是大我生命的實相，是絕對者」。「通化」者，是說**「天地萬有、森羅萬象的當體，其內容中的一事一物，都存在有真我的溫血流動著，無一物不具真我生命的脈動，無一物不法身佛之功（福）德相」**。「法身佛之功（福）德相」既是絕對者，則「是法平等，無有高下」；以沒有不同的功（福）德相，即平等性了。都平等無分別，廓然無聖，是「如來不說得福德多，以福德無（分別）故」的真諦。要度的眾生全已度盡，一切

要做的事情都已做完，這就是「以福德無故，如來說得福德多」之妙趣。福德無得，德之至也。

「須菩提！於意云何？若有人滿三千大千世界七寶以用布施。是人以是因緣，得福多不？」「世尊！此人以是因緣，得福甚多。」「須菩提！若福得有實，如來不說得福德多，以福德無故，如來說得福德多。」《金剛般若波羅蜜經注》說：「金玉無性，故可積滿三千大千；福德無實，則可曠施而多。心之無性，惑滅解生矣。」何謂「有人滿三千大千世界七寶以用布施」？從「法界通化」作為此分的題品，我們便知道這只是一個比喻而已。「有人」者，是宇宙大生命的「真我」也；「滿三千大千世界七寶」者，就是「天地萬有，森羅萬象的當體」。所謂「有人滿三千大千世界七寶以用布施」者，就是說這宇宙大生命的真我（有人），為了完全活現天地萬有、森羅萬象的當體（滿三千大千世界七寶），即一如地活現所有的一切來充實自己的內容（以用布施）。《密教思想與生活》說：「這宇宙大生命的真我，為了自己的完全活現，即一如地活現所有的一切，來充實自己的內容，這就是天地萬有、森羅萬象的當體。其內容中的一事一物，都存在有真我的溫血流動著，無一物不具真我生命的脈動。」

「是人以是因緣，得福多不？」「世尊！此人以是因緣，得福甚多。」何謂「此人以是因緣，得福甚多」？這「天地萬有、森羅萬象的當體」是法身佛之功德相、是絕對者，故說「此人（真我）以是因緣（活現天地萬有、森羅萬象的當體），得福甚多（是絕對之功德相）。」《密教思想與生活》說：「這一切都是大我生命的實相，是絕對者，亦是法身佛之功德相。」《密教思想與生活》又說：「**為要表現這功德相的『神秘』，密教即以『塔婆』暨『制底』之形來象徵。如上所言，這塔婆或制底之語，都有積聚或聚集之含義，所以用之表示『生』其物都是活現過去的一切、積聚功德行業於未來，永劫而聚集之。**善無畏三藏將『制底』翻為福聚，意為『諸佛之一切功德在其中』。從此義可知，諸佛之功德，即是積聚或聚集所有一切物的『生』當體其物之內容也。**以塔婆或制底之形，來象徵功德聚的宇宙秘密，是靈之內在體驗的事實，是『生』當體之表現，所以此塔又名『心塔』。」**

「須菩提！若福德有實，如來不說得福德多，以福德無故，如來說得福德多。」所謂「如來不說得福德多，以福德無故」者，為要開啟這象徵「功德聚」的宇宙秘密的心塔之扉，非先打破迷執「個我」為獨存性之物的妄見不可（以福德無故）。《密教思想與生活》說：「為要開啟這宇宙秘密的心塔之扉，非先打破迷執『個我』為獨存性之物的妄

見不可。打破妄執在《金剛頂略出經》中曰『開心』，或云『開心戶』。**打破這層妄執，開放心戶，而貫通一切，無限絕對之靈的生命力才能流入（如來說得福德多）。如同於密閉之房中開了窗戶，天地自然美景才能透入一樣，這叫『入智』或名『金剛徧入』。**因為開了心戶而召入如金剛般永遠不滅之全一『生』其物的大靈力，所以叫『徧入（法界通化）』。」

離色離相分第二十

「須菩提！於意云何？佛可以具足色身見不？」

「不也，世尊！如來不應以色身見。何以故？如來說：具足色身，即非具足色身，是名具足色身。」

「須菩提！於意云何？如來可以具足諸相見不？」

「不也，世尊！如來不應以具足諸相見。何以故？如來說：諸相具足，即非具足，是名諸相具足。」

「須菩提！於意云何？佛可以具足色身見不？」「不也，世尊！如來不應以具足色身見。何以故？如來說具足色身，即非具足色身，是名具足色身。」「須菩提！於意云何？如來可以具足諸相見不？」「不也，世尊！如來不應以具足諸相見。何以故？如來說諸相具足，即非具足，是名諸相具足。」是什麼令釋尊覺悟諸法而成為佛陀呢？是把握並體證了貫天地的妙絕之法（法身、如來）所致，並非是三十二大人相（諸相具足），八十種隨形好具足的色身（具足色身）使然。色身有變異的時候（即非具足色身、即非具足三十二大人相），法身或法界是絕不變異的

（是名具足色身、是名諸相具足）。《密教思想與生活》說：「佛陀就是『覺者』，凡覺悟的人都能稱為『覺者』。然從人類歷史看，在印度出生的釋尊就是最初覺悟的人，所以一般言『佛陀』就是指釋尊。**是什麼令釋尊覺悟諸法而成為佛陀呢？並非是三十二大人相，八十種隨形好具足的色身使然，而是把握並體證了貫天地的妙絕之法所致。**契經有云：『自覺此法成等正覺』或言：『不可以色身作佛觀，當以法觀之。』云云。**然就是這「法」令釋尊成等正覺，這「法」就是佛陀之本質，或云「聖體」，又稱為「法身」或「法界」。色身有變異的時候，法身或法界是絕不變異的。**契經云：『如來出世或不出世，法界常住。』**這令釋尊成等正覺且照育一切、活現一切的「法」，是貫三世而常住的，同時也是所有一切物生成的基礎。能體證而把握此法，才是真正的「活現」，真正的「覺」，亦才能成為佛陀。**由此點看，言法身，言法界，不外是指一切萬物的活現根源之『生』其物當體，也就是真正的『我』，佛陀之『聖體』。這佛陀聖體的『生』其物，是以一切萬物為自己之內容，而予以活現養育。」又說：「正如大地一切萬物為太陽熱能所養育一樣，所有一切萬物也都受到佛陀聖體的「生」其物的靈光所照，依此而能『自生』、『自哺』、『自育』。密教將此『生』當體的佛陀聖體稱為『大毘盧遮那』，即『大日如來』、『大遍照如來』，又曰『常住三世淨妙法身大毘盧遮那如來』。」又說：「**要體認到宇宙處處皆是真佛，經由**

思念觀想此事，以如實修密教精神當然是必要。但恐誤認佛是肉身的或只限於人類，為鳩摩羅什所譯之《思惟要略法》中力説：『不止要思念三十二相、八十種好之佛，進而要觀其法身。』又曰：『直以生身而觀內之法身，即十力、四無所畏、大慈大悲、無量善業。如人先念金瓶，後觀瓶內之摩尼寶珠。』又龍樹之《十住毗婆沙論》説：『諸佛乃法身，但非肉體。』或『不唯以色身觀佛，當以法觀之。』等之指示。此處言法或法身是指五分法身，或十八不共法，或四十不共法等佛所具之功德法。但為不拘執於佛之功德法起見，要觀修諸法之實相。《十住毗婆沙論》又説及佛之生身觀和法身觀與實相觀的觀佛三階段，云：『新發意菩薩直即觀三十二相、八十種好念佛，如前所説。若轉深入得中勢力，即以法身念佛。若心轉深入得上勢力，即以實相念佛不可貪著。』然此法身思想漸次進展，教法法身不知不覺遂成為本體常住法身、真淨法界，或云諸法所依的法性等，當體就是法身。法身與諸法實相完全成為同一物，這諸法實相觀，當體即是法身觀。」又説：「密教之法身觀，其法身與一般大乘教等相同，可以把它稱為真淨法界，或真如法性。不過決不視其為固定性的、靜止性的東西，是指恆常的照一切、活現一切、創造一切之全一的宇宙生命體，此乃常在生成活動之靈體、聖其物者。此可以在『人格』上去把握，又可從超越『人、法』一切對立之絕對無限的『法格』去考察，此即是密教之『人、法』一體觀之立場。住此立場觀佛，同時力

說種種觀法，依此種種觀法磨練自心修養。而此觀法並非抽象地觀諸法性或其理體之思念，而是以具體之事物為其象徵觀境，觀想此，思念此，即其特質。但並非『人之自信者不過於眼』的便宜主義而已，是要將基於事理不二、物心一如的密教教義之結果，深思了解才成。」**由此點看，「如來說諸相具足」者，是指恆常的照一切、活現一切、創造一切之全一的宇宙生命體，即「理」也；「即非具足」者，是指「人、法」一切對立，即「事」也。「是名諸相具足」者，是指在「人格」上去把握，又可從超越「人、法」一切對立之絕對無限的「法格」去考察，此是「人、法」一體觀之立場，即「事理不二」之結果也。**

非說所說分第二十一

「須菩提！汝勿謂如來作是念：『我當有所說法。』莫作是念，何以故？若人言：如來有所說法，即為謗佛，不能解我所說故。須菩提！說法者，無法可說，是名說法。」

爾時，慧命須菩提白佛言：「世尊！頗有眾生，於未來世，聞說是法，生信心不？」

佛言：「須菩提！彼非眾生，非不眾生。何以故？須菩提！眾生眾生者，如來說非眾生，是名眾生。」

為什麼說「如來有所說法，即為謗佛」呢？所謂「如來」者，乃指真如本性（物理道理）無形無相能生萬法，故法法皆真；萬法皆真，故又名法身。所謂「如來有所說法」，也就是「法身（如來）說法」，乃象徵宇宙神秘的開扉之處，是說人人都能從法法去透視到真如本性（物理道理），非「說、所說」之大義，盡矣！

「須菩提！汝勿謂如來作是念：『我當有所說法。』莫作是念，何以故？若人言：如來有所說法，即為謗佛，

不能解我所說故。須菩提！說法者，無法可說，是名說法。」「如來有所說法」者（說法者），是以「法身說法」為基本。「法身」常放光明說法，恰如太陽赫赫，自然就是「非說所說」的了，是以「無法可說」。將此不能見聞思議的佛體驗之神秘體驗世界，得以直接地見聞思議表現出來，此神秘體驗之果界的直示、表現、解說的特殊方法，就是以特定之語言文字或特種手態、事相、標幟等去象徵；將此不能見聞思議之神秘體驗世界，得以直接地見聞思議表現出來，故「是名說法」。《密教思想與生活》說：「**此法身佛（如來），常而遍存宇宙中，常放光明說法，度化一切眾生未嘗休息。凡夫因迷障，故不能見聞。恰如太陽赫赫，而盲者不見、雷霆隆隆而聾者不聞。**」又說：「其教法，以無限絕對為其力點，此天地間所有存在的一切事物，彼此相涉關聯而活現於全一；不捨個自之立場，自己建立世界；各以宇宙一切為背景，一刻一瞬地活現於無限絕對體驗之教。」又說：「**此果界或云果分，亦就是佛之神秘體驗，神秘體驗之世界是冷煖自知之境地，若無直參且體驗是不易體悟其風光的。**」又說：「**以特定之語言文字或特種手態、事相、標幟等去象徵。將此不能見聞思議之神秘體驗世界，得以直接地見聞思議表現出來。**」此神秘體驗之果界的直示、表現、解說的特殊方法，也是「說法者，無法可說，是名說法」的特質。

爾時，慧命須菩提白佛言：「世尊！頗有眾生，於未來世，聞說是法，生信心不？」「非說所說」，是說人人都能從法法去透視到真如本性（物理道理），而「法身（如來）說法」乃象徵宇宙神秘的開扉之處，是「自心是佛，此心即佛心」。須菩提因何問佛：「頗有眾生，於未來世，聞說是法，生信心不？」永明延壽云：「信心，即功德道源，長養聖胎，出生妙法。大抵看經通義，問道窮源，啟淨信心。」馬祖道一云：「汝等諸人各信自心是佛，此心即是佛心。」《大日經疏》云：「譬如有人聞善知識言：『汝今宅中自有無盡寶藏，應自勤修方便而開發之，可使周給一國常無匱乏。』彼人聞已即生諦信，如說而行，乃至施功不已漸見前相，爾時於寶藏功德，離疑惑心，堪能發起殊勝加行。故菩提心，即是白淨信心義也。」人人自有寶藏而不知，今有人指出其寶藏所在處，若能深信不疑，勤加方便鑿而得之。此寶藏遺而復得，唯由信心之力。若此信心堅固不動，自然時時以此信心「從法法去透視到真如本性」，則能知自心當相即道，即事而真，即「聞說是法，生信心」的佛心之印證。

佛言：「須菩提！彼非眾生，非不眾生。何以故？須菩提！眾生眾生者，如來說非眾生，是名眾生。」言人、言法，其各個都是絕對的、無限的，故說「彼非眾生」。上、中、下一切機根，一切時、一切處、一切人，都能適然

相應（絕對、無限）；此上、中、下一切機根，一切時、一切處、一切人乃是「非不眾生」也。《密教思想與生活》說：「言人、言法，其各個都是絕對的、無限的。沒有「機根」上下區別，亦無正、像、末之時分。從而其末法更沒有上根、下根之適與不適，亦無正法、像法有效驗，而末法之今日已無效驗之別。通正、像、末而互上、中、下一切機根，一切時、一切處、一切人，都能適然相應（絕對、無限）。」又説：「若人能把一切所有化為自己之內容，使一切活現、伸展，把密教精神如實地去活現，則萬物無一不具價值，任何教法無一不是其當位法身佛之方便説法。」**因此若能信修，不論男、女皆人也（眾生眾生者），不管貴、賤悉皆此器（如來説非眾生）；明暗無他，信修忽證，此乃「是名眾生」之真諦。**

無法可得分第二十二

須菩提白佛言：「世尊！佛得阿耨多羅三藐三菩提，為無所得耶？」

「如是，如是。須菩提！我於阿耨多羅三藐三菩提，乃至無有少法可得，是名阿耨多羅三藐三菩提。」

昭明太子以「無法可得」作為此分的題品，這是劃龍點睛，沒有剩餘的願，沒有剩餘的煩惱，已經清淨了，要度的眾生全已度盡，一切要做的事情都已做完。《肇論講記》說：「清淨的本性就是自性涅槃，這個體也就是自性涅槃。自性涅槃就是我們說的一道清淨涅槃，一道清淨涅槃即我們活著的人已經成佛了。」**清淨的本性就是自性涅槃，故「無法可得」。「寂滅無得，道之至也」，為何自性涅槃之外還有個有餘、無餘、無住涅槃？有餘涅槃、無餘涅槃、無住涅槃均是涅槃本體外的一個假定－假稱呼，本是無話可說的。**

須菩提白佛言：「世尊！佛得阿耨多羅三藐三菩提，為無所得耶？」「如是，如是。須菩提！我於阿耨多羅三藐三菩提，乃至無有少法可得，是名阿耨多羅三藐三菩提。」《金剛般若波羅蜜經注》說：「相盡虛通，謂之菩

提。菩提無相，有何可得？寂滅無得，道之至也。」這是重申「自性涅槃」是一切眾生清淨的本性，自是「無有少法可得」的。《肇論講記》說：「**人本來是佛故能成佛，而鐵本來是鐵才可能鍊成鐵，若不具那種本質而要改變它是不可能的，所以一切是佛性故一切皆會成佛**。這是理則，大前提小前提就是這樣，我們知道我們本來是佛以後就會感到很榮幸，我們的生命是無限的長，但我們要以生命是無長短來看。本來生命有長短，有年青、有年老、有時間的限制、有生死。現在我們要去透視，要站在一氣的中心看造化，那麼生死就無有了，你瞭解了這個就證入了涅槃，你就是佛，你就是覺。覺悟有深淺，像涅槃有餘依涅槃、無餘依涅槃、無住涅槃。又像鳥飛的高低不同，高低不同是各自的造詣。」

「我於阿耨多羅三藐三菩提，乃至無有少法可得」者，人本來是佛故；人本來是佛故能成佛，這就是「是名阿耨多羅三藐三菩提」之「自性涅槃」妙趣。「有餘涅槃、無餘涅槃、無住涅槃」在以下〈淨心行善分〉將細說分明。

淨心行善分第二十三

「復次，須菩提！是法平等，無有高下，是名阿耨多羅三藐三菩提。以無我、無人、無眾生、無壽者，修一切善法，則得阿耨多羅三藐三菩提。須菩提！所言善法者，如來說非善法，是名善法。」

昭明太子以「淨心行善」作為此分的題品，這是劃龍點睛。為何「是法平等，無有高下」的「自性涅槃」之外，還有個「以無我、無人、無眾生、無壽者，修一切善法」的淨心行善之「無住涅槃」境地呢？**體認到了無所著，那就叫無餘（所言善法者）；在無餘中所言善法者，仍然行動工作名無住，無住涅槃是最大乘的（是名善法）。**

「復次，須菩提！是法平等，無有高下，是名阿耨多羅三藐三菩提。」《金剛般若波羅蜜經注》說：「人無貴賤，法無好醜，蕩然平等，菩提義也。」這**「人無貴賤，法無好醜，蕩然平等」是「自性涅槃」的境地。**《密教思想與生活》說：「此（人，法）不外是大日如來之身、語、意三活動，以全與個的關係所表現。言身、語、意，當然指的是超越有限對立的『絕對身語意』。故言身，即一切活動皆是身；言『語』，即一切活動皆是語；言意，即一切活動悉皆

是意。這身、語、意三活動，各個都攝盡一切活動無餘，悉皆平等無礙。故云：『如來種種三業，皆是第一實際，境至妙極。身等於語，語等於心，猶如大海遍一切處，鹹味同一也。』」又説：「**這（是法平等，無有高下）就是平等性智之境地。由此智慧（是名阿耨多羅三藐三菩提），使所有一切物同樣地呈現至上價值，而使用之，此處才能展開一切使成財寶世界的價值。」「人無貴賤，法無好醜，蕩然平等」，一切「人、法」不外是大日如來之身、語、意三活動，這是「自性涅槃」之妙趣。**

「**以無我、無人、無眾生、無壽者，修一切善法，則得阿耨多羅三藐三菩提。」**《金剛般若波羅蜜經注》説：「夫形端故影直，聲和則響順。忘我人而修因，必剋無相之菩提也。」「**無我、無人、無眾生、無壽者」，是對宇宙法性的體認到達的境地，故「無我、無人、無眾生、無壽者」即是「無所著」，那才就叫無餘。在無餘中仍然行動工作（修一切善法）名「無住」，無住涅槃是最大乘的，故説「則得阿耨多羅三藐三菩提」。**《肇論講記》説：「對宇宙法性的體認到達那裡（無我、無人、無眾生、無壽者），他的體認到了無所著，那才就叫無餘。在無餘中仍然行動工作（修一切善法）名無住，無住涅槃是最大乘的。你若是執著在有餘；或認為人死了，物質沒有了，這些都是有餘，這就是執著。」

「須菩提！所言善法者，如來說非善法，是名善法。」

《金剛般若波羅蜜經注》說：「人既不有，善何得實？」

《密教思想與生活》說：「把握了真我之當體與之融會合體，一瞬一刻不斷地活現於無限時空，即是密教之『開悟』，亦即是『成佛』。而此『成佛』亦決非固定之物，是常恆創造生成進展的。因此，**『成佛（所言善法者）』是永遠未完成不究竟的（如來說非善法），但從一瞬一刻地充實活現於絕對無限之立場看，當時當處即是完成是究竟了（是名善法）。所以包容了完成與未完成之對立，活現一刹那於永遠者，即是真的我，真佛了。」**《肇論講記》說：「清淨的本性就是自性涅槃，這個體也就是自性涅槃。自性涅槃就是我們說的一道清淨涅槃，一道清淨涅槃即我們活著的人已經成佛了。既然成了佛為何一道清淨之外還有個有餘、無餘、無住涅槃？那是因為未到圓滿的境界，還要留惑潤生的菩薩，他還煩惱著未度的眾生，故有有餘；煩惱未消淨盡，故留惑潤生。無餘像羅漢，已完全斷絕了。有餘無餘應該留下哪一種呢？**應是要體悟到無餘（所言善法者），再用有餘（如來說非善法）。」體認到了無所著，那就叫無餘（所言善法者）；在無餘中仍然行動工作（如來說非善法）名無住，無住涅槃是最大乘的（是名善法）。**是故《肇論講記》說：「用無住的手捥去行動，在行動時名無住處，無住處即是不執著任何的地方。」**無住著名無住處，即無住涅槃。把三種涅槃統一起來，歸到本然理體，也就是本然理體自性涅**

槃。這不是無住、有餘、無餘，而是自性涅槃，自性本來如此的涅槃。自性涅槃是依理看的，是名阿耨多羅三藐三菩提。

福智無比分第二十四

「須菩提！若三千大千世界中所有諸須彌山王，如是等七寶聚，有人持用布施；若人以此般若波羅蜜經，乃至四句偈等，受持讀誦、為他人說，於前福德百分不及一，百千萬億分，乃至算數譬喻所不能及。」

昭明太子以「福智無比」作為此分的題品，這是劃龍點睛。「以無我、無人、無眾生、無壽者，修一切善法」的淨心行善之「無住涅槃」境地，《肇論講記》說：「**是動（凡夫看是遷變、無常、有餘）中取靜（聖人看則不遷變、常、無餘），並在靜中活動，以動靜不二（故能入第一義諦），去製造你的福德資糧，福德資糧就是改造精神的工具、手段與本錢，故叫做福德資糧，並且要去做，否則只是空談。**」這就是「福智無比」的真諦。以「福智無比」故，《肇論講記》說：「這樣才能在遷變中（無常、有餘）、在凡夫的社會中活動而不受染著，不被染俗，才能在不變中（常、無餘）做大事，並且不入涅槃（在無餘中仍然行動工作名無住，無住涅槃是最大乘的）。所以菩薩不證涅槃亦不染世俗，位於中道。中道的境界是如何？中道是入靜不取涅槃，出動不染俗。」

「須菩提！若三千大千世界中所有諸須彌山王，如是等七寶聚，有人持用布施；若人以此般若波羅蜜經，乃至四句偈等，受持讀誦、為他人說，於前福德百分不及一，百千萬億分，乃至算數譬喻所不能及。」《金剛般若波羅蜜經注》說：「聚寶有盡，妙解無窮也！」福德資糧就是改造精神的工具、手段與本錢，經中分明指出「若人以此般若波羅蜜經，乃至四句偈等，受持讀誦、為他人說，於前福德百分不及一，百千萬億分，乃至算數譬喻所不能及」這「聚寶有盡，妙解無窮」的道理。《肇論講記》說：「我們很有福氣才能學佛；修行並不是要修什麼，修行是修我們自己，聽經亦是聽我們自己的，悟道也是悟自己的，道理不能賣，不是有錢可賣的，可是是很有價值的，是有錢也買不到的。」又說：「人要成佛，因為人本來就是佛故才能成佛，這才符合邏輯。若你原來不是佛那你要如何成佛呢？若不是金子，鐵怎麼能鍊成金子？人本來是佛故能成佛，而鐵本來是鐵才可能鍊成鐵，若不具那種本質而要改變它是不可能的，所以一切是佛性故一切皆會成佛。這是理則，大前提小前提就是這樣，我們知道我們本來是佛以後就會感到很榮幸，我們的生命是無限的長，但我們要以生命是無長短來看。本來生命有長短，有年青、有年老、有時間的限制、有生死。現在我們要去透視，要站在一氣的中心看造化，那麼生死就無有了，你瞭解了這個就證入了涅槃，你就是佛，你就是覺。覺悟有深淺，像涅槃有餘依涅槃，無餘依涅槃，無

住涅槃。」又説：「我們若能於自他、沒有分別性（無我、無人、無眾生、無壽者），那麼你就已入到了平等性智，**入到平等性智福氣就能聚集了（聚寶有盡）……一切的寶都在這裡，入到了空，空不空如來藏，入到了如來藏性，如來藏性在發揮，你想發揮到那裡就能發揮到那裡，到處都能進入（妙解無窮）。**……如來藏性就是涅槃性，住於無住的住處，住在那個無住的位，住在無家的家。」

化無所化分第二十五

「須菩提！於意云何？汝等勿謂如來作是念：『我當度眾生。』須菩提！莫作是念。何以故？實無有眾生如來度者。若有眾生如來度者，如來則有我、人、眾生、壽者。須菩提！如來說：『有我者，則非有我，而凡夫之人，以為有我。』須菩提！凡夫者，如來說則非凡夫。」

昭明太子以「化無所化」作為此分的題品，這是劃龍點睛。**無眾生可度，無一眾生可度而去度眾生，不度生而度生，度生而不度生，是「化無所化」境地。**《肇論講記》說：「我們的觀念認為有生、有死，有今天、有明天，這些種種的觀念都要沒入到一真。你若分別在此世間裡，就無法透視到真理，一切就被塵勞所累，這樣我們便成為凡夫；我們若能進入真理看了不生不滅的現象，就沒什麼涅槃可證，這便是不二法門。無涅槃可證，亦無佛可成－你成佛了。故無眾生可度，無一眾生可度而去度眾生，不度生而度生，度生而不度生；不執著有度沒度，有沒有度完全不執，那只是應該要做的。像吃飯一樣，應該吃就吃，不吃不行，吃了就沒事了，吃飽就好了。」

「須菩提！於意云何？汝等勿謂如來作是念：『我當度眾生。』須菩提！莫作是念。何以故？實無有眾生如來度者。」《金剛般若波羅蜜經注》說：「菩提以無得為果，教以忘言而說。」又說：「何故勿謂作念耶？以如來不見有眾生可度也。」**宇宙萬物盡是法身佛『全一』的內容，悟此生佛不二，轉凡成聖不改其面，我們當體即是佛了，故說「實無有眾生如來度」者。**《密教思想與生活》說：「宇宙萬物盡是法身佛『全一』的內容，心者佛之靈體，行為即是佛之妙用。靈肉一如，色心不二，物我一體，悟此水冰一如，生佛不二之理趣；化魚為龍不易其鱗，轉凡成聖不改其面，即為密教之指歸也。然人人皆困於個我，不知個我即大我之細胞，終日鑽營，以致沉迷苦海。若能依密教之精神，衝破自私之藩籬，伸展於社會人群，在充實自己的同時，去莊嚴全一之內容，則我們當體即是佛了。」

「若有眾生如來度者，如來則有我、人、眾生、壽者。」《金剛般若波羅蜜經注》說：「若見有眾生，則為我見，何謂如來耶？」**「有我、人、眾生、壽者」**菩薩留惑潤生，有願力要做事即是有餘。羅漢的願已了，便歸入法界體性，到法界體性裡叫無餘，已無留惑。有餘無餘都不究竟，為什麼？不用執著住在涅槃，或分別有餘、無餘，本來沒有「眾生如來度者」。不要再去認為我現在已證到了什麼程度，是第幾禪，第幾色，或證到什麼，不然「如來則

有我、人、眾生、壽者」。《肇論講記》說：「菩薩留惑潤生：『我不要住在不生不滅的精神中－那種不動的、靜靜地坐禪。我要去做事啊！』有願力要做事即是有餘。羅漢的願已了，便歸入法界體性，到法界體性裡叫無餘，已無留惑。有餘無餘都不究竟，為什麼？因為宇宙的原理像一個大的造化爐，不論何時均在轉動，我們若進入到無餘涅槃時，也只不過是這個單位的消滅，這個執著的單位消滅而已。進入法界體性之後，又會再變成樹、豬、牛、狗、草等等，這是法界體性大宇宙的原理，還是在往一切的眾生那裡去，所以如來的法身在周流五道是為了眾生，故如來又再出現，出現在世間仍是如來的身。若是這樣的話，怎麼能說有個涅槃和沒有涅槃呢？無故，所以有餘涅槃、無餘涅槃都只是假名，都只是在學問上的分析而已。明瞭涅槃而不住涅槃叫做無住。你不用執著住在涅槃，或分別有餘、無餘，不用管它，本來如此，沒有什麼有餘或無餘，那只是假名罷了。所以住在那裡，知道就好，不要再去認為我現在已證到了什麼程度，是第幾禪，第幾色，或證到什麼？本來如此，一項而已。」

「須菩提！如來說：『有我者，則非有我，而凡夫之人，以為有我。』」《金剛般若波羅蜜經注》說：「但說假名我耳，非實我也。聞說假名，不達言旨，以為實我。」**學道者見到性本來是不生不滅的原理，便不會像凡夫睹神變因謂之有，亦不會見滅度便謂之無，因為都只是凡夫見（有**

我者）；若無凡夫見，就不執著了（則非有我）。《密教思想與生活》說：「一期之存在我們名之為有，一期之消滅名之為無，這是以世俗說的。學道者見到性本來是不生不滅的原理，便不會像惑者睹神變因謂之有，亦不會見滅度便謂之無，因為都只是凡夫見，若無凡夫見，就不執著了。」《肇論講記》說：「我們的觀念認為有生、有死，有今天、有明天，這些種種的觀念都要沒入到一真。你若分別在此世間裡，就無法透視到真理，一切就被塵勞所累，這樣我們便成為凡夫。」這是如來說「而凡夫之人，以為有我」之妙趣。

「須菩提！凡夫者，如來說則非凡夫。」《金剛般若波羅蜜經注》說：「凡夫不實，故可化而成聖。」**以宇宙心來看，心是不生不滅的。此「如來說則非凡夫」的意義，就在不生不滅的宇宙心這裡。**《肇論講記》說：**「現在不能以自己的心來看，因我們的心太小了，要以宇宙心來看，以毘盧遮那如來站在光明心殿來看，即是緣生不是心生。**以心本無生，所以滅亦是緣滅，不是心滅。你認為是心生心滅，然心無生無滅，是一切諸法在緣生緣滅，是因你的心動盪的緣故，以整個來看是不生不滅。**若以體來看，以用來看，以相來看，就有差別。凡夫是以相、用來看，故有生滅。聖人是以體來看，所以不生不滅。」**

法身非相分第二十六

「須菩提！於意云何？可以三十二相觀如來不？」

須菩提言：「如是！如是！以三十二相觀如來。」

佛言：「須菩提！若以三十二相觀如來者，轉輪聖王則是如來。」

須菩提白佛言：「世尊！如我解佛所說義，不應以三十二相觀如來。」

爾時，世尊而說偈言：

「若以色見我、以音聲求我，
是人行邪道，不能見如來！」

「須菩提！於意云何？可以三十二相觀如來不？」須菩提言：「如是！如是！以三十二相觀如來。」《金剛般若波羅蜜經注》說：「眾生是有，可化而成聖；法身不無，可以妙相而期。」又說：「用三十二相是如來而觀求也。」**形形色色的諸法都是如來相，俱足六大，每一個法都是如來德**

相（三十二相），這是「以三十二相觀如來」的真諦。《肇論講記》說：「如來表示原理，是生出諸法的原理，形形色色的諸法都是如來相，每一個法都是如來德相，功德俱備，一項無缺，功德齊全，俱足六大。……儘管再小的東西都是俱足六大，大的亦然，大小一樣。」

佛言：「須菩提！若以三十二相觀如來者，轉輪聖王則是如來。」須菩提白佛言：「世尊！如我解佛所說義，不應以三十二相觀如來。」我們身的當體就是如來，當體既是如來，這是「不應以三十二相觀如來」的真諦。《金剛般若波羅蜜經注》說：「即以近事質之，令其自解。時情謂然，我解不爾。」佛無一定相，如來無一定相，是故「不應以三十二相觀如來」。《肇論講記》說：「佛是什麼形？佛具一切形而又無形，無形又具一切形。若說畫的佛就是佛，那麼甲畫的與乙畫的就不一樣了，佛若只有一個，那麼佛怎麼不相同？畫起來就應該一樣，相要用照相機照才會一樣，若用畫的，十個人十個人都不一樣。所以哪一個才是佛？真正的佛在此（心），其它的畫都是假的，都不一樣。所以佛無一定相，如來無一定相。」又說：「不要只看假相並認定，要同時知道假相的當體是真相無相，只是暫時變成的。我們的身體也是一樣，故我們身的當體就是如來，當體既是如來。」

爾時，世尊而說偈言：「**若以色見我、以音聲求我，是人行邪道，不能見如來！**」《金剛般若波羅蜜經注》説：「金容煥眼而非形，八音盈耳而非聲；偏謬為邪，愚隔不見也。」**見佛就是你已經見到你的心，瞭解到宇宙的道理。**

《肇論講記》説：「見佛就是你已經見到你的心，瞭解到宇宙的道理。佛不可以相見，不可以音聲見，若以音聲形色見如來，是人行邪道，不能見如來。這表示你沒有悟到宇宙的本性，你不能見到佛。」《密教思想與生活》説：「《十住毗婆沙論》説：「諸佛乃法身，但非肉體。」或「不唯以色身觀佛，當以法觀之。」等之指示。

無斷無滅分第二十七

「須菩提！汝若作是念：『如來不以具足相故，得阿耨多羅三藐三菩提。』須菩提！莫作是念：『如來不以具足相故，得阿耨多羅三藐三菩提。』」。

「須菩提！汝若作是念，發阿耨多羅三藐三菩提者，說諸法斷滅。莫作是念！何以故？發阿耨多羅三藐三菩提者，於法不說斷滅相。」

「須菩提！汝若作是念：『如來不以具足相故，得阿耨多羅三藐三菩提。』須菩提！莫作是念：『如來不以具足相故，得阿耨多羅三藐三菩提。』」《金剛般若波羅蜜經注》說：「不偏在色聲，故向言非；非不身相，故復言是之也。」**參與聖業中（發阿耨多羅三藐三菩提者）就無此（如來不以具足相故，得阿耨多羅三藐三菩提）觀念，而是要依時依地，因種種因緣關係，不得分別，盡力地去完成工作才行。此即是課賦與各人之任務使命。**《密教思想與生活》說：「此身、口、意（具足相）三業，原是綜合代表十方一切諸佛的全一法身佛之『賜物』，我們以為是自己之物，其實是大日法身佛之『寄存物』者。因此，莫將這身、口、意業認為是己有而亂使用，應為奉獻法身佛的秘密莊嚴

聖業才能動用的。《大日經》以此為戒行：『何為戒？觀察之，即捨自身奉獻諸佛、菩薩也。何以故？若捨自身即為捨三事，何為三：曰身、口、意也。』**日常行事除此身、口、意外，別無其他了。所謂身、口、意業奉獻諸佛者，即是將日常之行事予以淨化之，再認識之，而在參與法身佛之聖業的精神下去行事活動。**為此，首先非從以肉體我為基本的小我見地中脫離不可，從小我之脫落上來說，即是捨身行。於此《金光明經》說：『雪山童子為聞一句法門投身餧虎。』《法華經》說：『一切眾生喜見菩薩，為完成誠實之願燒身供佛。』即是去小我完成大我之寫照。雖言捨身，卻不是徒毀身體的意思。是因此而能求得一句法門完成大願，心靈活於永遠之處乃是價值所在。**世人為戀、為財、為名譽，而犧牲身命者實不少，這些決非有意義之捨身真精神的發揮者。這裏所謂捨身行，即是奉獻給全一的生命體之法身佛，而從事聖業的。而此法身佛之表現就是宇宙、國家、社會，吾人將生命奉獻給國家社會直即就是參與法身佛之聖業。**去除私心捨棄小我，而以積極地活動為重要故，《百丈清規》說：『一日不作，一日不食。』**我人為勞動故食，為生故食。如果未盡本來之目的，即使是生或活動皆已無意義了。」**

《密教思想與生活》說：「**參與其聖業的各人，都是從其各自之立場去活動的。這些參與聖業者之中，其活動功蹟有於社會上表面化，令人易見，被大眾稱譽者；亦有完全隱在社**

會背面，不容易引人注目者。這從以自我為中心之思想立場看來，似乎很不合理，但是從密教精神的全一之活現上看是不足介意的。各國都有為國家而受盡苦難或殉職者，表面上看，這些人雖沒有什麼貢獻，但在活現於全一之意義上，確是可歌可泣的。這些人雖埋於九泉之下，亦同生於法身佛之永恆的生命中；雖然命終卻了無遺憾。比起貪官污吏來，死得有如泰山般。」

《密教思想與生活》又說：「人們作事一向都有上品、美麗、好逸、高尚，反之也有不潔、賤業等等心理上的分別。人人都喜歡選擇上品高尚的職業，而儘量遠避賤業。但於**參與聖業中就無此觀念，而是要依時依地，因種種因緣關係，不得分別，盡力地去完成工作才行。此即是課賦與各人之任務使命。**至於洒掃應對之事，於日常行事中，一一將之淨化，無限化。從各方面去活現密教精神，為此如實地把握全一之真我。以此肉體為立場，來充實莊嚴自己之內容，將剎那剎那活現於無限、永遠。以所謂『我即佛』之見地，去應對見、聞、知、觸之一事一物，要活現密教精神非要如此修養磨練不可。」

「須菩提！汝若作是念，發阿耨多羅三藐三菩提者，說諸法斷滅。莫作是念！何以故？發阿耨多羅三藐三菩提者，於法不說斷滅相。」《金剛般若波羅蜜經注》

說：「相盡寂滅故不有，道王十方非謂無，應畢而謝則不常，惑至隨現故不斷。」以「發阿耨多羅三藐三菩提者（聖人）」的眼光去看，生命是一直延續的，故說「於法不說斷滅相」。《肇論講記》說：「有從空而生，空會變成妙有，有又會再歸到空，如環無端，在三界中虛出沒。冒出來消下去，冒出來又消下去。」又說：「因為空中能生出萬法，萬法不會斷滅，是永遠繼續的，不論何時都在生出萬法，而佛性就是萬法本來的起因；**因為佛性不論何時都在不斷的生出萬法，萬法消滅後又變成六大法界體性，法界體性能生出萬物的動力叫做理德，裡面發生精神功用的動力叫做智德，智德又名根本智。**」又說：「**這樣一期存在的時間名為生命，這種生命是凡夫在說的，以聖人的眼光去看，生命是一直延續的。**」

不受不貪分第二十八

「須菩提！若菩薩以滿恒河沙等世界七寶布施；若復有人知一切法無我，得成於忍，此菩薩勝前菩薩所得功德。須菩提！以諸菩薩不受福德故。」

須菩提白佛言：「世尊！云何菩薩不受福德？」

「須菩提！菩薩所作福德，不應貪著，是故說不受福德。」

「須菩提！若菩薩以滿恒河沙等世界七寶布施；若復有人知一切法無我，得成於忍，此菩薩勝前菩薩所得功德。須菩提！以諸菩薩不受福德故。」《金剛般若波羅蜜經注》說：「忘我則忍成，超出故勝也。」所謂「若菩薩以滿恒河沙等世界七寶布施」之福德，是要引導一些人，讓他們有個希望，有個寄託，因為人有貪故。就像魚因貪吃，才被釣上岸。所謂「若復有人知一切法無我，得成於忍」，是說我們修行中證到了無相三摩地，即能正住，此住就是「無所住」的住，證到無生法忍。無生法忍，就是三摩地，超出「前菩薩（以滿恒河沙等世界七寶布施）所得功德」故勝也。《肇論講記》說：「佛陀證到的，或龍樹菩薩說的，

均是以象徵性的方法來說出心裡的道理（一切法無我），讓我們能瞭解修行中所能證到的無生法忍。無生法忍的法忍是什麼呢？法忍就是三摩地。要怎樣才能證到無生呢？要用三法印。以初步來說的，三法印就是印章。我們不能違法，如處世要有一定的道理。**而證到無生法忍就是看到了本性。要用什麼功夫才能看到本性呢？要修行三解脫門，修三解脫門就能成就五分法身。三解脫門是什麼？是空，無相，無願。你瞭解了諸法本空，是因緣所生，能夠入觀空三摩地，去瞭解並正住在那裡，此住就是無所住的住。**無相三昧的無相是「是相非相」，「是法非法」，因為因緣法，故法是假法；無常住，故諸法無形，有形之相皆不能常住，為什麼？因為無自性，故不管何時都在新陳代謝，在組織，故相非相皆是無相。現在你們能體悟或只要去分析就行了。自己內證到就是體空，分析的空是析空。你要能分析諸法是無相，是假相，無真正的相，真正的相又叫做實相，實相是什麼樣子？實相無相又是一切相。**一切相就是實相，一切相無相。你若體悟到了此原理，你就證到了無相三摩地，即能正住。當你看清之後便要肯定它，照常吃飯，呼吸，工作，一定要工做，因為那就是如來的活動，又名羯磨，如來羯磨力是一種羯磨活動，就是作業，將那些作業全部合在一起，名羯磨曼荼羅。在做了事業之後卻不要認為我應獲得多少的代價，爭取代價就是迷的世界。**而那種代價不是物質的代價，若問我做了這些工作有多少功勞？多少代價？多少功德？本來

無功德性，虛空即是無功德法，一切既是因緣法，哪有功德呢？」

須菩提白佛言：「世尊！云何菩薩不受福德？」「須菩提！菩薩所作福德，不應貪著，是故說不受福德。」
《金剛般若波羅蜜經注》說：「期報鍾已名貪著。無存我人，取染何生？」菩薩在做了事業之後卻不認為我獲得了多少的代價，因為爭取代價就是迷的世界，所以說「菩薩所作福德，不應貪著，是故說不受福德」。《肇論講記》說：「福德資糧就是改造精神的工具、手段與本錢，故叫做福德資糧，並且要去做，否則只是空談。」又說：「入到平等性智，福氣就能聚集了，因為此屬南方的寶藏部，一切的寶都在這裡，入到了空，空不空如來藏，入到了如來藏性，如來藏性在發揮，你想發揮到那裡就能發揮到那裡，到處都能進入。那麼如來藏要如何保持？要不停地看著，像看著，要不停的拿著。為什麼要拿著？**如來藏性就是涅槃性，住於無住的住處，住在那個無住的位，住在無家的家。『你要去那裡？』『我要去那個不知名的地方。』沒有目的的地方，沒有目的的地方在那？就在這裡！**因為沒有目的，那裡還有要去的地方？沒有目標地方就是自己的地方；你若要去西方，你就往西方一直去，你的目的是西方，你的住處在西方，你就往西方去。**但你若連東西南北都沒有了，沒有了大目標與小目標的住處，那麼你就住在現在此時的心。因為目標都沒**

有了，沒有了那要住在那裡？住在這裡！這是無住處的住處，住在無住之處。」又說：「你找功德即是住著，『住相布施升天福』，那只是有限的功能，你的福氣有數故不能達到體空。**心如虛空福如虛空，確實是如此。虛空出萬寶，我們的心與宇宙一樣空了還怕沒有寶貝？一定有，故自己先要肯定起來。涅槃就像這桌上的壺，要時時的提住，時時刻刻住在無住之處去生活，你就能證到涅槃體了。」**

威儀寂靜分第二十九

「須菩提！若有人言：如來若來若去、若坐若臥，是人不解我所說義。何以故？如來者，無所從來，亦無所去，故名如來。」

「須菩提！若有人言：如來若來若去、若坐若臥，是人不解我所說義。」《金剛般若波羅蜜經注》說：「若計有實人，履行而至為來，運盡之滅故去，處現優化則坐臥，此但睹形滯跡，不及道也。」真諦叫做如來。有對待故有去來，若沒有對待，就沒有去來了。諸法被估計後才有去來，不估計就沒有去來。《肇論講記》說：「**有對待故有去來，若沒有對待，就沒有去來了。**若以一個圓來看，在圓的某處點一點，從此去就有回來，故名有去來。但若圓圈不點上一點，只是一直繞，繞完又從頭再繞，這樣就無有來去了。**去無所去，回也無所回；無去來處，所以三法（去法，去者，去處，皆相因待）虛妄。**」又說：「那些都是虛妄的，都是凡夫估計的。以真理看，三法是虛妄的。**諸法被估計後才有去來，不估計就沒有去來。**」又說：「我們無論在什麼地方都不能脫離道。這便是即事而真，觸事而真。我們要發揮處處皆真，**一切事物都是真如本性，皆是大日如來的變化，當體皆是大日如來的變化身。**雖然事物是假立的，本性卻是真

的，我們若能看到了這一點，並永遠的住在這一點，是非雙遣，能所雙亡，才能出去工作，這樣才是入聖之處。」

「何以故？如來者，無所從來，亦無所去，故名如來。」《金剛般若波羅蜜經注》說：「何故見去來坐臥不解義耶？解極會如，體無方所，緣至物見，來無所從，感畢為隱，亦何所去。而云來去，亦不乖乎！」真諦叫做如來，亦叫「涅槃」；無所從來，是名「涅（不生）」，亦無所去，是名「槃（不滅）」。涅槃即是真諦，是指煩惱結已盡，生死永滅，已沒什麼再可寂了，亦叫涅槃。《肇論講記》說：「真諦叫做如來，亦叫涅槃。煩惱結已盡，生死永滅，已沒什麼再可寂了，故叫寂。這意思就是說：涅槃本來無名，涅槃即是真諦，是指煩惱結（執著的煩惱）已沒有了，不會再起煩惱了。所執著的五蘊已經盡了，不會再執著了。」

一合理相分第三十

「須菩提！若善男子、善女人，以三千大千世界碎為微塵，於意云何？是微塵眾寧為多不？」

「甚多，世尊！何以故？若是微塵眾實有者，佛則不說是微塵眾。所以者何？佛說：微塵眾，則非微塵眾，是名微塵眾。世尊！如來所說三千大千世界，則非世界，是名世界。何以故？若世界實有，則是一合相。如來說：一合相，則非一合相，是名一合相。」

「須菩提！一合相者，則是不可說，但凡夫之人貪著其事。」

「須菩提！若善男子、善女人，以三千大千世界碎為微塵，於意云何？是微塵眾寧為多不？」「甚多，世尊！何以故？若是微塵眾實有者，佛則不說是微塵眾。所以者何？佛說：微塵眾，則非微塵眾，是名微塵眾。」《金剛般若波羅蜜經注》說：「微塵非實，故可碎而為多。」微塵，就是我們這個世界；一微塵一世界，一微塵，具足六大，故說「微塵眾，則非微塵眾」。一個微塵一個世界，世界是什麼意思？世界就是時空－時間與空間，她的活

動存在了時間與空間，故名世界。一物一世界，一世界一微塵，是名微塵眾。《肇論講記》說：「一微塵一世界，一芥子藏須彌，一毛端納四大海。小小的芥子卻與須彌山一樣大，為什麼？具足六大故。一毛孔能容四大海，與四大海水一樣大；小而無間，小的毛孔卻與地球上的四大海完全一樣，為什麼？我即法界，法界即我。瞭解這個道理以後，人就不需消滅物質，並且要活在物質之中，這樣你就瞭解、悟到了法身，你就能即身進入法身佛的境界裡。進入法身佛的境界就是入悟其中的境界，體悟這個境界就是成佛。成佛的多久要看你的悟時間是長是短，**若你現在想到、悟到，那你現在就已成佛。等一下忘記了就是等一下沒有成佛。你今天覺悟這個，明天也覺悟這個，天天都在覺悟這個，永遠不忘記，你就永遠都在成佛。**」又說：「佛陀曾說：**微塵就是我們這個世界，一個微塵一個世界，世界是什麼意思？世界就是時空－時間與空間，她的活動存在了時間與空間，故名世界。一物一世界，一微塵一世界。**微塵最初的極微，極微是無法看到的，七粒極微生一個兔毛塵，兔毛塵就是兔毛最尖的地方，它為數甚少無法停止住。七粒兔毛塵合成一粒羊毛塵，如羊毛最尖的地方，也不能停住。七粒的羊毛塵合起來變成一粒沾客塵，即從窗外飛進來微細的、污穢的塵埃，我們可以看到的，叫沾客塵。七粒沾客塵合成一粒叫微塵，這是真正的微塵，像髒髒的桌子，我們用手一劃就可以看到，那就是塵埃了，塵埃擠在一起變成污垢。**一粒塵埃即一粒世**

界，一粒塵埃即一個單位，一粒塵埃即一個法。石頭或土塊由無限多的塵埃集成，土塊壞掉塵埃有否毀滅？沒有毀滅。法住法位，法無去來，永遠停在原來時空上。但是組織後我們看到了整個的現象，例如把麵粉做成葫蘆、麵龜、饅頭等等，做成什麼形都隨我們的意，我們捏出的成品即名現象─**諸法相，諸法的相是假的故無自性**，要再改成什麼形體也再由我們的意思。麵粉比喻為宇宙的本性或佛性，諸法譬如為我們所做出來的成品。成品不是無，無的話要吃什麼？成品是有，只是形成的形體當體自性本空，**而本性、原料是有的，有的源頭是空性，所以不能說空也是無。**」

「世尊！如來所說三千大千世界，則非世界，是名世界。」《金剛般若波羅蜜經注》說：「世界非有，則可假借而成也。」很多的眾生成為整個的宇宙，很多的動物、植物、礦物都在一真法界裡面，這是「如來所說三千大千世界」。有情和非情，有情世界和器世間，正報和依報，是依精神的發用來說的，這樣各人有各人的世界和虛空，故說「則非世界」。人是組織的，東西是組織的，家庭與社會、國家、世界等都是組織的，組織自然有組織的來源，每一樣東西都歸於一元，雖然森羅萬象各有各的樣子，然真理無異，如此則萬象雖殊而不能自異，故說「是名世界」。《肇論講記》說：「各位與我也一樣，生活在現象的世界，你有你的世界，我有我的世界，各人有各人的世界，但根本智的

世界就完全不是世界，不是世界卻又是世界，假名故，是名世界即非世界。這是依其根源或以枝末現象看的，像一片樹叢，裡面相互的關係。我們的錯誤觀念是因為不能看到幽玄的根本狀態，要用般若迴光反照的力量才能洞察到這種原理，故稱本智。」又說：「各也有各的世界，但本性是一樣的，因為因緣所生法，執著不一樣故各人有各人的境界，各人有各人的世界。**世界的意義就是人內心享受的那個時空，並不只是指地球，是心享受到的時空。時空又名生命，生命要延長必須要透視過這個，透不過就在凡夫法、生死法中受著控制，就無有解脫的餘地。**這裡在反覆的說故你們要細思！細思！要用每一個物每一個法去審察，去突破難關才能入流，說起來簡單但實在不簡單，此即是『即事而真，當相即道』。」

「何以故？若世界實有，則是一合相。」《金剛般若波羅蜜經注》說：「何故非世界名世界耶？若是實有，應一性合而不可分也。」**以意識去創造美的世界，以此而肯定這個世界，故說「若世界實有」；有情世界和器世間，正報和依報，作為一體來看，是依精神的發用來說的，故「則是一合相」。**《肇論講記》說：「起初是以意識去創造美的世界，以此而肯定這個世界。」又說：「有情世界和器世間，正報和依報，是依精神的發用來說的。」

「如來說：一合相，則非一合相，是名一合相。」《金剛般若波羅蜜經注》說：「假眾為一，無合可得耳。」彼此就是一，就是「一合相」的「一」。但你仍是你、我仍是我，故說「則非一合相」。以聖人來看，世界就是一個身體，這當體即是道，即「是名一合相」。《肇論講記》說：「彼此就是一，那就是『即事而真，當相即道』了。以現在世間的芸芸眾生看來，是很難進入的。你是你，我是我，如何你我才能夠『即事而真，當相即道』呢？……然以真言宗來看，世界就是一個身體。」又說：「這當體即是道，這是證到了真正道理的人才能如此說的」，但凡夫就不是了。又說：「**當體是實相的，無自性的，當體就是六大，一切物皆是無形象的六大所變，變出來之後，他當體就是真的了，真的東西當然就要以真的東西來用，但你仍要知道這是空性、性空，所以不要去執著**。例如人本來就會死，東西會壞，組織故，你透視了這個道理，就應去編排活動。對此道理的透視，不論在觸到、聽到、摸到的每一樣東西都要知道這是真的又是無自性的，所以每一樣東西都歸於一元，雖然森羅萬象各有各的樣子，然真理無異。」

「**須菩提！一合相者，則是不可說。**」《金剛般若波羅蜜經注》說：「假名無體，不可定說。」《肇論講記》說：「一真法界一義的佛性裡面卻千差萬別，此以道理在說道，菩提的同、一、無、空裡卻分別出了很多的法。……**這當體**

即是道，這是證到了真正道理的人才能如此說的，不然，就只能說世間是一了。」

「**但凡夫之人貪著其事。**」《金剛般若波羅蜜經注》說：「癡惑則凡夫，貪著故計實。」《肇論講記》說：「**但凡夫就不是了，凡夫對於宇宙世界時空的問題，諸法的問題，都不清楚；好比對機械都不清楚，車子也未曾騎過一樣。**聖人看宇宙的一切就像人們看他的車子或他的屋子一樣很清楚，所以能運用自如，故不必用心，那種境界就叫絕對待、能所雙亡，這並不是社絕視聽，不是蓋眼遮耳的。」

知見不生分第三十一

「須菩提！若人言：佛說我見、人見、眾生見、壽者見。須菩提！於意云何？是人解我所說義不？」

「世尊！是人不解如來所說義。何以故？世尊說我見、人見、眾生見、壽者見，即非我見、人見、眾生見、壽者見，是名我見、人見、眾生見、壽者見。」

「須菩提！發阿耨多羅三藐三菩提心者，於一切法，應如是知，如是見，如是信解，不生法相。須菩提！所言法相者，如來說即非法相，是名法相。」

「須菩提！若人言：佛說我見、人見、眾生見、壽者見。須菩提！於意云何？是人解我所說義不？」「世尊！是人不解如來所說義。」《金剛般若波羅蜜經注》說：「此辯無實眾生可化。如來但稱諸見為邪，不言見體是實。若人報言佛說諸見是實者，謬取佛意，非謂解也。」佛性無相，佛性就是「無我相、無人相、無眾生相、無壽者相」；真如本性就是「無我相、無人相、無眾生相、無壽者相」，這是「佛知見」裡面的「佛知」部分。妙悟的人因為明暸了「佛知」的道理，所以能永遠在動中看到靜

的，從諸法形形色色的「我相、人相、眾生相、壽者相」中看到真如本性是「無我相、無人相、無眾生相、無壽者相」，是名「無我見、無人見、無眾生見、無壽者見」。唯此佛眼，才是圓滿的「佛知見」。《肇論講記》說：「妙悟的人從真如本性來看，他不會以凡夫俗子的常情去看諸法的假相而被迷去，他能永遠在動中看到靜的，從形形色色中看到真如本性，真如本性就是佛性。佛性無相，無形，無色，無聲，無息，他變化出的法即是所生出的物。」唯此佛眼，圓滿的「佛知見」。《肇論講記》說：「五眼者，肉眼、天眼、慧眼、法眼、佛眼也。但今之佛眼是通五眼。譬如閻浮提四大河入大海同一味，今四眼亦入佛眼一種也。梵語『沒馱（佛）絜寫尼（眼）』，此為佛眼，或云金剛吉祥，或云虛空眼，或云一切佛母。」既說一切眾生皆有佛眼，又說四眼亦入佛眼一種，則一切眾生都可以與在諸法當中的「無我相、無人相、無眾生相、無壽者相」的真如本性相聯結。達到了這樣的聯結，也就進入了「無我見、無人見、無眾生見、無壽者見」的「佛知見」狀態。

「何以故？世尊說我見、人見、眾生見、壽者見，即非我見、人見、眾生見、壽者見，是名我見、人見、眾生見、壽者見。」《金剛般若波羅蜜經注》說：「諸見非實，可改為正；眾生虛假，凡至聖也。」「我見、人見、眾生見、壽者見」，這是相對的，你若有所得就有所礙，有所

得就有所損。「即非我見、人見、眾生見、壽者見」，若無所得就無所損，因為道乃無為，進入無所得的精神之後，就變成無我。然根本無我，無我則全是我，為什麼無我全是我？因為現象即實在，無我即實在；現象即是有我，有我是由無我所發生的，所以說「是名我見、人見、眾生見、壽者見」。《肇論講記》說：「你若有所得就有所礙，有所得就有所損，這是相對的。若無所得就無所損，因為道乃無為，你既然要悟道，就要悟到無為，證道就是要證無為，得道也是要得無為。……進入無所得的精神之後，就變成無我。達到無我的時候，我們的潛力一般若力就會發揮到無限的大。……因為一切眾生皆具足佛性，眾生皆有如來德相，只要發心將一切肯定，肯定之後能證入同體大悲，那時所發的隱力才會更大。」又說：「然根本無我，無我則全是我，為什麼無我全是我？因為現象即實在，無我即實在。現象即是有我，有我是由無我所發生的。」

「須菩提！發阿耨多羅三藐三菩提心者，於一切法，應如是知，如是見。」《金剛般若波羅蜜經注》說：「始終既畢，故旨宗以勸人也。凡欲發心成佛，淨國土，化眾生，當如上所說理而生知見之也。」**強調現象相狀，以究明「真如法性」，隨緣而成萬物**。《密教思想與生活》說：「諸法之實相為真如，隨緣為有，本無一切現象（真如隨緣而成萬物）。此處雖言現象空無，但其根本之真如實相卻常住。」

「**如是信解，不生法相。**」《金剛般若波羅蜜經注》說：「但是虛假，非實法也。」於日常行事中，一一究明真如法性隨緣而成萬物，如實地把握全一之真我，將之淨化、無限化，故是「不生法相」。《密教思想與生活》說：「於日常行事中，一一將之淨化，無限化。從各方面去活現密教精神，為此如實地把握全一之真我。以此肉體為立場，來充實莊嚴自己之內容，將剎那剎那活現於無限、永遠。以所謂「我即佛」之見地，去應對見、聞、知、觸之一事一物，要活現密教精神非要如此修養磨練不可。」

「**須菩提！所言法相者，如來說即非法相，是名法相。**」《金剛般若波羅蜜經注》說：「窮理盡明，其唯如來；說言非實，故應從信矣。」「所言法相者」，諸法是諸法；「如來說即非法相」，但諸法是一，故一真法界；「是名法相」，一真法界即多，故即諸法。《密教思想與生活》說：「諸法是諸法，但諸法是一，故一真法界；一真法界即多故即諸法；諸法是整個的法，不是揉成一團的，是很多的法集合為一個團體的，這一點要注意！」

應化非真分第三十二

「須菩提！若有人以滿無量阿僧祇世界七寶持用布施，若有善男子、善女人，發菩薩心者，持於此經，乃至四句偈等，受持讀誦，為人演說，其福勝彼。云何為人演說，不取於相，如如不動。何以故？

一切有為法、如夢幻泡影、
如露亦如電、應作如是觀。」

佛說是經已，長老須菩提及諸比丘、比丘尼、優婆塞、優婆夷、一切世間、天、人、阿修羅，聞佛所說，皆大歡喜，信受奉行。

「須菩提！若有人以滿無量阿僧祇世界七寶持用布施，若有善男子、善女人，發菩薩心者，持於此經，乃至四句偈等，受持讀誦，為人演說，其福勝彼。」《金剛般若波羅蜜經注》說：「七寶有竭，四句無窮。」所謂「四句偈」，亦即真如理言、真理語言（真言）。經文多次強調「四句偈」，是要讓人歡喜「受持讀誦，為他人說」四句偈。因受持誦說，能成佛也。《大日經疏》云：「一切有情常有我相種種煩惱，才若念真言（真如理言，亦即四句偈），我相即除，

此為希有，亦甚希奇也！」住持四句偈（真理語言），可以被稱為第一希有之法。**若有人以滿無量阿僧祇世界七寶持用布施，不如受持四句偈為他人說之福。**恒河沙等恒河，以滿無量阿僧祇世界七寶持用布施，非「無為」不能，故得福甚多，然尚不如受持四句偈為他人說得福多者，因受持誦說，能成佛也。**四句偈是文字般若（真如理言，亦即四句偈），因為有了這種文字般若，好比過去的佛在說法。我們現代人怎麼能聽到佛說呢？沒辦法，過去的聖人只好將以前佛所說的法組織起來，寫成文字，再用文字來布教給後人聽，經典變成為一種影子，讓人知道其意密，『以指見月』。但指不是月，指只是告訴月在那裡，月是這樣的，利用指去看到空中的月，若認為手指就是月就錯了。所以四句偈就是利用文字語言去看到實相。**

「云何為人演說，不取於相，如如不動。」《金剛般若波羅蜜經注》說：「說當於如，故言如如，始終不易，不可動也。」《金剛經宗通》說：「持經說法者，深解義趣，能為人演說，不取於相，如如不動。」云何**「深解義趣，能為人演說」**？持經說法者，若能既不住於有為而取於相（謂得淨心已，皆當以十喻觀之），亦不住於無為而離於相（從菩提心因，大悲生根，乃至方便究竟，其間一一緣起，皆當以十喻觀之），以此自度，即以此度人，是名**「如如不動」**。**「云何為人演說，不取於相，如如不動」**，要以如來之解

脫味為基本，根本不動之大安心才成。《密教思想與生活》說：「**隨各種人之性向，演說各種法門，而予以和各人相應之安心法，則非從密教之根本精神出發不可**。恰如被大小風所吹的大海面，雖然呈現千波萬波，而同是鹹味之大海水一樣。其安心之程度雖有淺深，厚薄重重之不同，然於密教之安心上言，要呈現如此千差萬別之安心法，予以相應之人而『安立無量乘』。**必要安住於密教莊嚴之法界心，以如來之解脫味為基本，根本不動之大安心才成**。」

「**何以故？一切有為法，如夢幻泡影，如露亦如電，應作如是觀**。」《金剛般若波羅蜜經注》說：「浮偽不實，理之皆空；空無異易，故如如不動也。」《金剛經宗通》說：「『一切有為法，如夢幻泡影；如露亦如電，應作如是觀』，唐（玄奘法師）譯云：『諸和合所為，如星翳燈幻，露泡夢電雲，應作如是觀。』」又說：「**此經名金剛般若，甚深十喻，乃其本旨。所謂觀一切業如幻，一切法如燄，一切性如水中月，妙色如空，妙音如響，諸佛國土如乾闥婆城，佛事如夢，佛身如影，報身如像，法身如化**。唯除妙音如響，餘列為九喻。雖名相稍有不同，大都可以意會，此甚深般若觀智，雖佛事如夢，雖佛身如影，正達一切業如幻。自三十七助道品，乃至菩提涅槃，一切如幻，本大般若破相宗也。」**這金剛般若甚深十喻，跟《大日經住心品》所說的「十緣生句」是相通的**。《大日經疏》說：「行者

修見無量加持境界……但當以夢喻觀之，心不疑怪，亦不生起執著。」又說：「云何為幻？行者依三密修行，得成一切奇特不思議事；法爾如是，不異淨心，而自在神變，宛然不謬。」又說：「種種浮泡，形類各異，然水性一味，自為因緣，是名浮泡觀。」又說：「行者，以如來三密淨身為鏡，自身三密行為鏡中像因緣，有悉地生，猶如面像……如作如是觀故，行者心無所得，不生戲論。」又說：「行者，即是深修觀察者，於瑜伽中，以自心為感，佛心為應。以自心為感，即是現象；佛心為應，即是真實。」又說：「言『深修』者，謂得淨心已去，從大悲生根，乃至方便究竟，其間一一緣起，皆當以十喻觀之，由所證轉深，故言深觀察也。」**能「以十喻觀之，由所證轉深」者，無非說行者因時時深修十緣生觀，故境界現前時，即知「我心佛心，皆畢竟清淨」，這跟《金剛經》「甚深十喻」觀所說的「既不住於有為（我心）而取於相，亦不住於無為（佛心）而離於相」，其實是異曲同工。所謂「一切有為法，如夢幻泡影，如露亦如電，應作如是觀」者，此處雖言現象空無，但其根本之真如實相卻常住，所以不以有或以無來論定一切諸法。**

《密教思想與生活》說：「現存之森羅萬象，亦不可以空無視之，更不以有或無來論定一切諸法，而以超越有無的中道，為諸法之實相。諸法之實相為真如，隨緣為有，本無一切現象（真如隨緣而成萬物）。**此處雖言現象空無，但其根本之真如實相卻常住。」不被有無現象所拘，安住於真如當**

體的境地者，《金剛經》即謂之「應作如是觀」。若能用此十緣生中道正觀，入於無念無想一念堅持的狀態下，與貫天地之大生命力相接觸，於其間感應道交，把握一大神秘之力，即能發揚種種之靈驗的結果，普施眾生。《密教思想與生活》説：「但以成就一切，徹底保握密教精神真髓者看，巧妙地活用（感應道交神秘之力），對於教化的施與上言，其效果無有過於此者。」

「佛説是經已，長老須菩提及諸比丘、比丘尼、優婆塞、優婆夷、一切世間、天、人、阿修羅，聞佛所説，皆大歡喜，信受奉行。」《金剛般若波羅蜜經注》説：「道蘊聖心，待乎則彰，宿感冥構，不謀而集，同聽齊悟，法喜蕩心，服膺遵式，永崇不朽也。」釋尊為以人間界之教主。《密教思想與生活》説：「以人間界之教主釋尊為中尊，以此表示以人之立場，廣大外伸，攝取而教化其他來活現全一者。此向外伸展的攝化活動，不只限於人之立場。亦有以天人、餓鬼及其他所有一切的個體為立場，以之為中心，而起化他行業的。」又説：「自己所體驗的安心，於向外廣為宣傳時，不尚口舌空談，而以身作則……宣法音攝導大眾，因此與會人眾於不知不覺中，培養信念生起法悅，得到無煩惱及無不安的安慰。於此互惠的氛圍氣中，自然地協同調和，贏得了秘密莊嚴之全一安心。」

悟光大阿闍梨略傳

附錄一

悟光大阿闍梨略傳

悟光上師又號全妙大師，俗姓鄭，台灣省高雄縣人，生於一九一八年十二月五日。生有異稟：臍帶纏頂如懸念珠；降誕不久即能促膝盤坐若入定狀，其與佛有緣，實慧根夙備者也。

師生於虔敬信仰之家庭。幼學時即聰慧過人，並精於美術工藝。及長，因學宮廟建築設計，繼而鑽研丹道經籍，飽覽道書經典數百卷；又習道家煉丹辟穀、養生靜坐之功。其後，遍歷各地，訪師問道，隨船遠至內地、南洋諸邦，行腳所次，雖習得仙宗秘術，然深覺不足以普化濟世，遂由道皈入佛門。

師初於一九五三年二月，剃度皈依，改習禪學，師力慕高遠，志切宏博，雖閱藏數載，遍訪禪師，尤以為未足。

其後專習藏密，閉關修持於大智山（高雄縣六龜鄉），持咒精進不已，澈悟金剛密教真言，感應良多，嘗感悟得飛蝶應集，瀰空蔽日。深體世事擾攘不安，災禍迭增無已，密教普化救世之時機將屆，遂發心廣宏佛法，以救度眾生。

師於閉關靜閱大正藏密教部之時，知有絕傳於中國（指唐武宗之滅佛）之真言宗，已流佈日本達千餘年，外人多不得傳。（因日人將之視若國寶珍秘，自詡歷來遭逢多次兵禍劫難，仍得屹立富強於世，端賴此法，故絕不輕傳外人）。期間台灣頗多高士欲赴日習法，國外亦有慕道趨求者，皆不得其門或未獲其奧而中輟。師愧感國人未能得道傳法利國福民，而使此久已垂絕之珍秘密法流落異域，殊覺歎惋，故發心親往日本求法，欲得其傳承血脈而歸，遂於一九七一年六月東渡扶桑，逕往真言宗總本山 —— 高野山金剛峰寺。

此山自古即為女禁之地，直至明治維新時始行解禁，然該宗在日本尚屬貴族佛教，非該寺師傳弟子，概不經傳。故師上山求法多次，悉被拒於門外，然師誓願堅定，不得傳承，決不卻步，在此期間，備嘗艱苦，依然修持不輟，時現其琉璃身，受該寺黑目大師之讚賞，並由其協助，始得入寺作旁聽生，因師植基深厚，未幾即准為正式弟子，入於本山門主中院流五十三世傳法宣雄和尚門下。學法期間，修習極其嚴厲，嘗於零下二十度之酷寒，一日修持達十八小時之久。不出一年，修畢一切儀軌，得授「傳法大阿闍梨灌頂」，遂為五十四世傳法人。綜計歷世以來，得此灌頂之外國僧人者，唯師一人矣。

師於一九七二年回台後，遂廣弘佛法，於台南、高雄等地設立道場，傳法佈教，頗收勸善濟世，教化人心之功效。師初習丹道養生，繼修佛門大乘禪密與金剛藏密，今又融入真言東密精髓，益見其佛養之深奧，獨幟一方。一九七八年，因師弘法有功，由大本山金剛峰寺之薦，經日本國家宗教議員大會決議通過，加贈「大僧都」一職，時於台南市舉行布達式，參與人士有各界地方首長，教界耆老，弟子等百餘人，儀式莊嚴崇隆，大眾傳播均相報導。又於一九八三年，再加贈「小僧正」，並賜披紫色衣。

師之為人平易近人，端方可敬，弘法救度，不遺餘力，教法大有興盛之勢。為千秋萬世億兆同胞之福祉，暨匡正世道人心免於危亡之劫難，於高雄縣內門鄉永興村興建真言宗大本山根本道場，作為弘法基地及觀光聖地。師於開山期間，為弘法利生亦奔走各地，先後又於台北、香港二地分別設立了「光明王寺台北分院」、「光明王寺香港分院」。師自東瀛得法以來，重興密法、創設道場、設立規矩、著書立說、教育弟子等無不兼備。

悟光上師之承法直系真言宗中院流五十四世傳法。著有《上帝的選舉》、《禪的講話》等十七種作品行世。佛教真言宗失傳於中國一千餘年後，大法重返吾國，此功此德，師之力也。

附錄二

悟光上師《一真法句淺說》手稿

附錄二　悟光上師《一真法句淺説》手稿

《一真法句淺說》悟光法師著

【全文】

嗡乃曠劫獨稱真，六大毗盧即我身，時窮三際壽無量，體合乾坤唯一人。

虛空法界我獨步，森羅萬象造化根，宇宙性命元靈祖，光被十方無故新。

隱顯莫測神最妙，璇轉日月貫古今，貪瞋煩惱我密號，生殺威權我自興。

六道輪回戲三昧，三界匯納在一心，魑魅魍魎邪精怪，妄為執著意生身。

瘖啞蒙聾殘廢疾，病魔纏縛自迷因，心生覺了生是佛，心佛未覺佛是生。

罪福本空無自性，原來性空無所憑，我道一覺超生死，慧光朗照病除根。

阿字門中本不生，吽開不二絕思陳，五蘊非真業非有，能所俱泯斷主賓。

了知三世一切佛，應觀法界性一真，一念不生三三昧，我法二空佛印心。

菩薩金剛我眷屬，三緣無住起悲心，天龍八部隨心所，神通變化攝鬼神。

無限色聲我實相，文賢加持重重身，聽我法句認諦理，一轉彈指立歸真。

【釋義】

嗡乃曠劫獨稱真，六大毘盧即我身，時窮三際壽無量，
體合乾坤唯一人。

嗡又作唵，音讀嗡，嗡即皈命句，即是皈依命根大日如來的
法報化三身之意，法身是體，報身是相，化身是用，法身
的體是無形之體性，報身之相是無形之相，即功能或云功德
聚，化身即體性中之功德所顯現之現象，現象是體性功德所
現，其源即是法界體性，這體性亦名如來德性、佛性，如來
即理體，佛即精神，理體之德用即精神，精神即智，根本理
智是一綜合體，有體必有用。現象萬物是法界體性所幻出，
所以現象即實在，當相即道。宇宙萬象無一能越此，此法性
自曠劫以來獨一無二的真實，故云曠劫獨稱真。此體性的一
中有六種不同的性質，有堅固性即地，地並非一味，其中還
有無量無邊屬堅固性的原子，綜合其堅固性假名為地，是遍
法界無所不至的，故云地大。其次屬於濕性的無量無邊德性
名水大，屬於煖性的無量無邊德性名火大，屬於動性的無量
無邊德性曰風大，屬於容納無礙性的曰空大。森羅萬象，一
草一木，無論動物植物礦物完全具足此六大。此六大之總和
相涉無礙的德性遍滿法界，名摩訶毘盧遮那，即是好像日光
遍照宇宙一樣，翻謂大日如來。吾們的身體精神都是祂幻化
出來，故云六大毘盧即我身，這毘盧即是道，道即是創造萬
物的原理，當然萬物即是道體。道體是無始無終之靈體，沒

有時間空間之分界，是沒有過去現在未來，沒有東西南北，故云時窮三際的無量壽命者，因祂是整個宇宙為身，一切萬物的新陳代謝為命，永遠在創造為祂的事業，祂是孤單的不死人，祂以無量時空為身，沒有與第二者同居，是個絕對孤單的老人，故曰體合乾坤唯一人。

虛空法界我獨步，森羅萬象造化根，宇宙性命元靈祖，光被十方無故新。

祂在這無量無邊的虛空中自由活動，我是祂的大我法身位，祂容有無量無邊的六大體性，祂有無量無邊的心王心所，祂有無量無邊的萬象種子，祂以蒔種，以各不同的種子與以滋潤，普照光明，使其現象所濃縮之種性與以展現成為不同的萬物，用祂擁有的六大為其物體，用祂擁有的睿智精神(生其物)令各不同的萬物自由生活，是祂的大慈大悲之力，祂是萬象的造化之根源，是宇宙性命的大元靈之祖，萬物生從何來？即從此來，死從何去？死即歸於彼處，祂的本身是光，萬物依此光而有，但此光是窮三際的無量壽光，這光常住而遍照十方，沒有新舊的差別。凡夫因執於時方，故有過去現在未來的三際，有東西南北上下的十方觀念，吾人若住於虛空中，即三際十方都沒有了。物質在新陳代謝中凡夫看來有新舊交替，這好像機械的水箱依其循環，進入來為新，排出去為舊，根本其水都沒有新舊可言。依代謝而有時空，有時空而有壽命長短的觀念，人們因有人法之執，故不能窺其全

體，故迷於現象而常沉苦海無有出期。

隱顯莫測神最妙，璇轉日月貫古今，貪瞋煩惱我密號，生殺威權我自興。

毘盧遮那法身如來的作業名羯磨力，祂從其所有的種子注予生命力，使其各類各各需要的成分發揮變成各具的德性呈現各其本誓的形體及色彩、味道，將其遺傳基因寓於種子之中，使其繁衍子孫，這源動力還是元靈祖所賜。故在一期一定的過程後而隱沒，種子由代替前代而再出現，這種推動力完全是大我靈體之羯磨力，凡夫看來的確太神奇了、太微妙了。不但造化萬物，連太空中的日月星宿亦是祂的力量所支配而璇轉不休息，祂這樣施與大慈悲心造宇宙萬象沒有代價，真是父母心，吾們是祂的子孫，卻不能荷負祂的使命施與大慈悲心，迷途的眾生真是辜負祂老人家的本誓的大不孝之罪。祂的大慈悲心是大貪，眾生負祂的本誓，祂會生氣，這是祂的大瞋，但眾生還在不知不覺的行為中，如有怨嘆，祂都不理而致之，還是賜我們眾生好好地生活著，這是祂的大癡，這貪瞋癡是祂的心理、祂本有的德性，本來具有的、是祂的密號。祂在創造中不斷地成就眾生的成熟。如菓子初生的時只有發育，不到成熟不能食，故未成熟的菓子是苦澀的，到了長大時必須使其成熟故應與以殺氣才能成熟，有生就應有殺，加了殺氣之後成熟了，菓子就掉下來，以世間看來是死，故有生必有死，這種生殺的權柄是祂獨有，萬物皆

然，是祂自然興起的，故云生殺威權我自興。祂恐怕其創造落空，不斷地動祂的腦筋使其創造不空成就，這些都是祂為眾生的煩惱。這煩惱還是祂老人家的本誓云密號，本有功德也。

六道輪回戲三昧，三界匯納在一心，魑魅魍魎邪精怪，妄為執著意生身。

大我體性的創造中有動物植物礦物，動物有人類，禽獸，水族，蟲類等具有感情性欲之類，植物乃草木具有繁衍子孫之類，礦物即礦物之類。其中人類的各種機能組織特別靈敏，感情愛欲思考經驗特別發達，故為萬物之靈長，原始時代大概相安無事的，到了文明發達就創了禮教，有了禮教擬將教化使其反璞歸真，創了教條束縛其不致出規守其本分，卻反造成越規了，這禮教包括一切之法律，法律並非道之造化法律，故百密一漏之處在所難免，有的法律是保護帝王萬世千秋不被他人違背而設的，不一定對於人類自由思考有幫助，所以越嚴格越出規，所以古人設禮出有大偽，人類越文明越不守本分，欲望橫飛要衝出自由，自由是萬物之特權之性，因此犯了法律就成犯罪。罪是法沒有自性的，看所犯之輕重論處，或罰款或勞役或坐牢，期間屆滿就無罪了。但犯了公約之法律或逃出法網不被發現，其人必會悔而自責，誓不復犯，那麼此人的心意識就有洗滌潛意識的某程度，此人必定還會死後再生為人，若不知懺悔但心中還常感苦煩，死後一

定墮地獄，若犯罪畏罪而逃不敢面對現實，心中恐懼怕人發現，這種心意識死後會墮於畜生道。若人欲望熾盛欲火衝冠，死後必定墮入餓鬼道。若人作善意欲求福報死後會生於天道，人心是不定性的，所以在六道中出歿沒有了時，因為它是凡夫不悟真理才會感受苦境。苦樂感受是三界中事，若果修行悟了道之本體，與道合一入我我入，成為乾坤一人的境界，向下觀此大道即是虛出歿的現象，都是大我的三昧遊戲罷了，能感受所感受的三界都是心，不但三界，十界亦是心，故三界匯納在一心。魑魅魍魎邪精怪是山川木石等孕育天地之靈氣，然後受了動物之精液幻成，受了人之精液即能變為人形，受了猴之精液變猴，其他類推，這種怪物即是魔鬼，它不會因過失而懺悔，任意胡為，它的心是一種執著意識，以其意而幻形，此名意成身，幻形有三條件，一是幽質，二是念朔材質，三是物質，比如説我們要畫圖，在紙上先想所畫之物，這是幽質，未動筆時紙上先有其形了，其次提起鉛筆繪個形起稿，此即念朔材質，次取來彩色塗上，就變成立體之相，幾可亂真了。

暗啞蒙聾殘廢疾，病魔纏縛自迷因，心生覺了生是佛，心佛未覺佛是生。

人們自出生時或出生了後，罹了暗啞、或眼盲、或耳聾或殘廢疾病，都與前生所作的心識有關，過去世做了令人憤怒而被打了咽喉、或眼目、或殘廢、或致了病入膏肓而死，自己

還不能懺悔，心中常存怨恨，這種潛意識帶來轉生，其遺傳基因被其破壞，或在胎內或出生後會現其相。前生若能以般若來觀照五蘊皆空，即可洗滌前愆甚至解縛證道，眾生因不解宇宙真理，執著人法故此也。人們的造惡業亦是心，心生執著而不自覺即迷沉苦海，若果了悟此心本來是佛性，心生迷境而能自覺了，心即回歸本來面目，那個時候迷的眾生就是佛了。這心就是佛，因眾生迷而不覺故佛亦變眾生，是迷悟之一念間，人們應該在心之起念間要反觀自照以免隨波著流。

罪福本空無自性，原來性空無所憑，我道一覺超生死，慧光朗照病除根。

罪是違背公約的代價，福是善行的人間代價，這都是人我之間的現象界之法，在佛性之中都沒有此物，六道輪迴之中的諸心所法是人生舞台的法，人們只迷於舞台之法，未透視演戲之人，戲是假的演員是真的，任你演什麼奸忠角色，對於演員本身是毫不相關的，現象無論怎麼演變，其本來佛性是如如不動的，所以世間之罪福無自性，原來其性本空，沒有什麼法可憑依。戲劇中之盛衰生死貧富根本與佛性的演員都沒有一回事。《法華經》中的〈譬喻品〉有長者子的寓意故事，有位長者之子本來是無量財富，因出去玩耍被其他的孩子帶走，以致迷失不知回家，成為流浪兒，到了長大還不知其家，亦不認得其父母，父母還是思念，但迷兒流浪了終於

受傭於其家為奴，雙方都不知是父子關係，有一天來了一位
和尚，是有神通的大德，對其父子說你們原來是父子，那個
時候當場互為相認，即時回復父子關係，子就可以繼承父親
的財產了。未知之前其子還是貧窮的，了知之後就成富家兒
了，故喻迷沉生死苦海的眾生若能被了悟的大德指導，一覺
大我之道就超生死迷境了。了生死是瞭解生死之法本來迷
境，這了悟就是智慧，智慧之光朗照，即業力的幻化迷境就
消失，病魔之根就根除了。

**阿字門中本不生，吽開不二絕恩陳，五蘊非真業非有，能所
俱泯斷主賓。**

阿字門即是涅槃體，是不生不滅的佛性本體，了知諸法自性
本空沒有實體，眾生迷於人法，《金剛般若經》中說的四
相，我相、人相、眾生相、壽者相，凡夫迷著以為實有，四
相完全是戲論，佛陀教吾們要反觀內照，了知現象即實在，
要將現象融入真理，我與道同在，我與法身佛入我我入成為
不二的境界，這不二的境界是絕了思考的起沒，滅了言語念
頭，靈明獨耀之境界，所有的五蘊是假的，這五蘊堅固就是
世間所云之靈魂，有這靈魂就要輪迴六趣了，有五蘊就有能
思與所思的主賓關係，變成心所諸法而執著，能所主賓斷
了，心如虛空，心如虛空故與道合一，即時回歸不生不滅的
阿字門。不然的話，迷著於色聲香味觸之法而認為真，故生
起貪愛、瞋恚、愚癡等眾蓋佛性，起了生死苦樂感受。諸法

是戲論，佛性不是戲論，佛陀教吾們不可認賊為父。

了知三世一切佛，應觀法界性一真，一念不生三三昧，我法二空佛印心。

應該知道三世一切的覺者是怎樣成佛的。要了知一個端的應觀這法界森羅萬象是一真實的涅盤性所現，這是過去佛現在佛未來佛共同所修觀的方法，一念生萬法現，一念若不生就是包括了無我、無相、無願三種三昧，這種三昧是心空，不是無知覺，是視之不見、聽之不聞的靈覺境界，此乃一真法性當體之狀態，我執法執俱空即是入我我入，佛心即我心，我心即佛心，達到這境界即入禪定，禪是體，定是心不起，二而一，眾生成佛。釋迦拈花迦葉微笑即此端的，因為迦葉等五百羅漢，均是不發大心的外道思想意識潛在，故開了方便手拈畢波羅花輾動，大眾均不知用意，但都啞然一念不生注視著，這端的當體即佛性本來面目，可惜錯過機會，只有迦葉微笑表示領悟，自此別開一門的無字法門禪宗，見了性後不能發大心都是獨善其身的自了漢。

菩薩金剛我眷屬，三緣無住起悲心，天龍八部隨心所，神通變化攝鬼神。

羅漢在高山打蓋睡，菩薩落荒草，佛在世間不離世間覺，羅漢入定不管世事眾生宛如在高山睡覺，定力到極限的時候就醒來，會起了念頭，就墮下來了，菩薩是了悟眾生本質即佛

德，已知迷是苦海，覺悟即極樂，菩薩已徹底了悟了，它就不怕生死，留惑潤生，拯救沉沒海中的眾生，如人已知水性了，入於水中會游泳，苦海變成泳池，眾生是不知水性故會沉溺，菩薩入於眾生群中，猶如一支好花入於蔓草之中，鶴立雞群，一支獨秀。佛世間、眾生世間、器世間，都是法界體性所現，在世間覺悟道理了，就是佛，所以佛在世間並無離開世間。佛是世間眾生的覺悟者，菩薩為度眾生而開方便法門，但有頑固的眾生不受教訓，菩薩就起了忿怒相責罰，這就是金剛，這是大慈大悲的佛心所流露之心所，其體即佛，心王心所是佛之眷屬，這種大慈大悲的教化眾生之心所，是沒有能度所度及功勞的心，無住生心，歸納起來菩薩金剛都是大悲毘盧遮那之心。此心即佛心，要度天或鬼神就變化同其趣。如天要降雨露均沾法界眾生就變天龍，要守護法界眾生就變八部神將，都是大日如來心所所流出的。祂的神通變化是莫測的，不但能度的菩薩金剛，連鬼神之類亦是毘盧遮那普門之一德，普門之多的總和即總持，入了總持即普門之德具備，這總持即是心。

無限色聲我實相，文賢加持重重身，聽我法句認諦理，一轉彈指立歸真。

心是宇宙心，心包太虛，太虛之中有無量基因德性，無量基因德性即普門，色即現前之法，聲即法相之語，語即道之本體，有其聲必有其物，有其物即有其色相，無限的基因德

性，顯現無限不同法相，能認識之本體即佛性智德，顯現法相之理即理德，智德曰文殊，理德曰普賢，法界之森羅萬象即此理智冥加之德，無量無邊之理德及無量無邊之智德，無論一草一木都是此妙諦重重冥加的總和，只是基因德性之不同，顯現之物或法都是各各完成其任務之相。若不如是萬物即呈現清一色、一味、一相，都沒有各各之使命標幟了。這無限無量的基因德性曰功德，這功德都藏於一心之如來藏中，凡夫不知故認後天收入的塵法為真，將真與假合璧，成為阿賴耶識，自此沉迷三界苦海了，人們若果聽了這道理而覺悟，即不起於座立地成佛了。

— 完 —

《金剛經》密說

作者
玄覺

編輯
中華智慧管理學會

美術統籌
莫道文

美術設計
曾慶文

出版者
資本文化有限公司
地址：香港中環康樂廣場1號怡和大廈24樓2418室
電話：(852) 28507799
電郵：info@capital-culture.com
網址：www.capital-culture.com

鳴謝
宏天印刷有限公司
地址：香港柴灣利眾街40號富誠工業大廈A座15字樓A1, A2室
電話：(852) 2657 5266

出版日期
二〇一八年六月第一次印刷

版權所有　不准翻印
All rights reserved.
Copyright ©2018 Capital Culture Limited
ISBN 978-988-77264-4-9
Published in Hong Kong